Sortir de l'économie du désastre

Le Réseau pour un discours alternatif sur l'économie est formé des organisations suivantes : ATTAC-Québec, Centre de formation populaire, Centre Justice et Foi, Centre St-Pierre, Conseil central de Montréal métropolitain de la CSN, Conseil régional FTQ Montréal métropolitain, Économie autrement, Les amis du *Monde diplomatique*, Relais-femmes, *Vie économique*.

Bernard Élie et Claude Vaillancourt
coordonnateurs

Sortir de l'économie du désastre

austérité, inégalités, résistances

Réseau pour un discours alternatif sur l'économie

collection
MOBILISATIONS

Catalogage avant publication de Bibliothèque et Archives nationales du Québec et
Bibliothèque et Archives Canada

Vedette principale au titre :

Sortir de l'économie du désastre : austérité, inégalités, résistances

(Collection Mobilisations)
Comprend des réf. bibliogr.

ISBN 978-2-923986-27-2

1. Économie sociale. 2. Économie politique - Aspect sociologique. 3. Inégalité
sociale. 4. Néo-libéralisme. I. Élie, Bernard. II. Vaillancourt, Claude, 1957- .
III. Réseau pour un discours alternatif sur l'économie. IV. Collection: Collection
Mobilisations.

HM548.S67 2012   306.3   C2012-940548-5

M éditeur
1858, chemin Norway
Ville Mont-Royal (Québec)
Canada, H4P 1Y5
Courriel : m.editeur@editionsm.info
www.editionsm.info/

Distribution au Canada :
Prologue Inc.
1650, boul. Lionel-Bertrand
Boisbriand, QC
Canada, J7H 1N7
Tél. : 450 434.0306 / 1 800 363.2864
Téléc. : 540 434.2627
prologue@prologue.ca
www.prologue.ca
www.prologuenumerique.ca/

Distribution Europe :
Distribution du Nouveau-Monde/
Librairie du Québec
30, rue Gay-Lussac,
75005 Paris, France
Tél. : 01 43 54 49 02
Téléc. : 01 43 54 39 15
direction@librairieduquebec.fr
www.librairieduquebec.fr/

© Bernard Élie, Claude Vaillancourt et *M* éditeur
ISBN : 978-2-923986-27-2 (version imprimée)
ISBN : 978-2-923986-28-9 (PDF)
ISBN : 978-2-923986-29-6 (livrel)

Dépôt légal : deuxième trimestre 2012
Bibliothèque et Archives nationales du Québec
Bibliothèques et Archives Canada

*À la mémoire de notre collègue
et ami Gilles Dostaler (1946-2011)
qui a eu le souci d'associer réflexion théorique
et pratique de l'action pour l'avancement
de la connaissance et de la justice sociale.*

collection
MOBILISATIONS

ÉDITEUR

Que ce soit dans le monde arabe, en Amérique latine, en Amérique du Nord, en Europe, particulièrement là où s'imposent des politiques d'austérité draconiennes, mais aussi en Afrique et en Asie, que soit au niveau international ou national, on assiste depuis plus d'une décennie à une résurgence des mobilisations de celles et de ceux « d'en bas ». Ces mobilisations sont plus nécessaires que jamais devant les graves problèmes qui secouent le monde : crise internationale du capitalisme, mondialisation néolibérale, dégradation de l'écosystème, accentuation des inégalités sociales, appauvrissement, guerre sans fin, renouvellement et renforcement du patriarcat et du racisme, montée de l'extrême droite, etc.

Le monde bouge rapidement et les gens sont avides de le comprendre. C'est la raison pour laquelle la collection « Mobilisations » est consacrée aux problèmes sociaux et économiques ainsi qu'aux questions d'actualité, et cela du point de vue des dominéEs et des exploitéEs aussi bien au plan national qu'international.

Table des matières

Introduction

Bernard Élie et Claude Vaillancourt

L'ÉTAT de notre économie n'est pas très reluisant. Les inégalités ne cessent de croître, ce qu'a d'ailleurs reconnu, entre autres sources, un rapport récent de l'Organisation de coopération et de développement économiques (OCDE) et des études de Statistique Canada. La crise économique, amorcée en 2007, a des répercussions à la chaîne : les États endettés, après avoir renfloué les banques qui ont spéculé de façon irresponsable, n'arrivent plus à relancer l'économie. Les plans d'austérité qui en découlent bloquent toute reprise et limitent l'accès aux services essentiels. Le taux de chômage est élevé. On ne semble plus voir le moment où nous aurons la certitude que les choses s'amélioreront.

Notre environnement ne se porte guère mieux. Les pays n'arrivent pas à prendre des mesures efficaces pour s'attaquer au problème du réchauffement climatique.

La biodiversité est dramatiquement menacée. L'exploitation sans restriction des ressources naturelles se fait sans qu'en soient envisagées les conséquences sur les populations, l'environnement, les générations à venir. Le virage vers une consommation plus responsable de l'énergie et vers des sources d'énergie renouvelable se prend avec une lenteur désespérante.

Ainsi, osons-nous franchement parler de désastre. Les choix des gouvernements, tant au Québec et au Canada qu'ailleurs dans le monde, ne profitent pas à l'ensemble des populations, mais ne font que perpétuer et approfondir les crises – économique, sociale, environnementale.

Malgré ces constats accablants, rien n'est sérieusement envisagé pour changer la situation. Les mêmes politiques inefficaces sont relancées. Elles sont encouragées par de nombreuses instances : les investisseurs qui ne voient que les profits à court terme ; les agences de notation, qui souvent favorisent l'austérité budgétaire et continuent à s'imposer malgré leurs fautes, même si elles restent liées à d'importants groupes d'intérêts ; et surtout les grands médias qui rabâchent sans recul et sans véritable esprit critique les diktats de l'économie néolibérale qui nous ont menés à la catastrophe.

Le mouvement des indignés a pourtant bien révélé à quel point notre système économique favorise une très petite minorité, toujours plus réduite, toujours plus puissante, peu importe les inconvénients qu'en subissent tous les autres.

Le Québec ne fait pas exception. La combativité et les valeurs du peuple québécois ont fait que nous vivons dans la société la moins inégalitaire d'Amérique du Nord. Ce qui agace nombre d'experts, de journalistes et de politiciens. Pour eux, le modèle suprême reste les États-Unis ou, dans la mesure où il imite son grand voisin, le reste du Canada. Ils n'évaluent le bien-être qu'en terme de richesse absolue et osent faire croire que le Québec est pauvre. Le modèle états-unien a pourtant de nombreuses failles : l'ascenseur social y est presque inexistant ; le système de santé coûte très cher et les soins de qualité sont surtout accessibles aux riches ; son système d'éducation publique est dans un état pitoyable ; les bons emplois se font plus rares, ce qui correspond à un recul majeur de la syndicalisation ; la consommation d'énergie par habitant y est beaucoup trop élevée ; les inégalités n'ont jamais été aussi grandes et le taux de pauvreté atteint des niveaux record. Est-ce vraiment le type de société dans laquelle nous aimerions vivre ?

La charge de la droite au Québec est forte et organisée. De nombreux chroniqueurs populistes occupent les ondes et sévissent dans les journaux, profitant d'une concentration des médias sans pareille, sous le contrôle de deux groupes financiers. Des *think tanks,* largement soutenus par de riches individus et entreprises, tels l'Institut Fraser, l'Institut économique de Montréal, le Réseau liberté, influencent l'opinion. Les partis politiques sont généreusement financés par l'entreprise et agissent en fonction de ses intérêts. Un jeu de porte tournante entre la grande entreprise et la classe politique fait que l'on retrouve les mêmes individus tantôt comme ministres, tantôt comme lobbyistes.

Il devient alors pertinent de se poser quelques questions fondamentales : combien de temps nos élus pourront-ils tenir à force d'adopter des mesures qui ne profitent pas à la majorité? Faudra-t-il attendre une crise pire que les précédentes avant d'entreprendre le redressement nécessaire? Comment faire pour que d'autres idées soient entendues et mises en application?

Il est donc nécessaire, comme toujours, de développer et d'entretenir une forte opposition aux idées reçues. Au Québec, les résistants ne manquent pas, même si on ne leur accorde pas un grand espace médiatique. Les syndicats occupent une place importante – trop importante, selon les idéologues de droite – et alimentent leurs membres d'une réflexion à plusieurs facettes sur la conjoncture, tout en proposant des solutions pour améliorer la condition des travailleurs et des travailleuses. De nombreux médias indépendants et alternatifs réussissent à combler le vide d'information provoqué par la concentration des grands médias. Des organisations communautaires variées, des associations de citoyens et de citoyennes, des groupes écologistes avancent des idées nouvelles qui, tranquillement, commencent à imprégner les mentalités.

Mais la résistance aux idées reçues est toujours à reprendre et à entretenir. Voilà pourquoi le *Réseau pour un discours alternatif sur l'économie* entend à son tour participer aux débats pour stimuler les échanges d'idées nouvelles et répondre aux recettes économiques inefficaces prônées par les économistes libéraux et relayées dans les médias.

Nous avons cherché à présenter des textes qui sont à la fois une réponse aux politiques néolibérales et qui avancent des propositions contribuant à améliorer la situation économique au profit de tous et toutes. Les critiques et les propositions sont souvent reliées : la soumission de notre système aux marchés libéralisés appelle, par exemple, nécessairement une plus grande réglementation et un meilleur contrôle des capitaux ; déplorer les salaires inférieurs des femmes suppose une demande d'équité salariale. C'est pourquoi nous n'avons pas souhaité détacher ces aspects.

Nous avons aussi voulu présenter des explications claires, courtes, accessibles, loin des discours hermétiques dans lesquels on enferme souvent l'économie, ce qui a pour effet d'empêcher les gens de la comprendre. Après une consultation auprès de certains de nos membres, nous nous sommes concentrés sur dix sujets qui paraissaient primordiaux : le rôle de l'État néolibéral, le libre-échange, les marchés financiers, la tarification des services publics, la dette souveraine des États, les baisses d'impôts, l'équité salariale entre les hommes et les femmes, les retraites, la gestion du territoire et celle des ressources naturelles. Dans tous les cas, il nous fallait expliquer ce que prône le discours officiel néolibéral et présenter nos solutions de rechange.

Nous avons demandé à des personnes reconnues comme expertes de traiter les différents sujets retenus. D'autres sujets tout aussi importants feront l'objet d'analyses dans une suite que nous envisageons de publier.

Nous espérons que ce livre donne à ses lectrices et lecteurs des arguments pour répliquer efficacement aux idées reçues véhiculées par les grands médias et constitue une mine de renseignements utiles sur des sujets d'actualité, une ressource qui alimente les discussions dans notre recherche de solutions pour bâtir un monde meilleur.

LES GRANDS ENJEUX

L'État néolibéral :
la construction politique du désastre

Philippe Hurteau

L ORSQUE la gauche aborde la question du néo-libéralisme, elle le fait soit pour en décrier les dérives, soit pour en contrer les attaques. Nous avons l'habitude d'entendre les idéologues les plus acharnés du tout au marché nous exhorter d'opérer des coupes dans les dépenses publiques, de baisser les impôts des entreprises ou encore de privatiser en tout ou en partie certains secteurs de l'État. À les écouter, le Québec aurait grand besoin « d'un État aminci, de marchés concurrentiels et [de] la liberté de choix[1] ». Afin de faire du Québec une terre d'opportunités et ainsi favoriser la croissance économique, il faudrait, selon eux, miser sur une revalorisation de la liberté commerciale, sur la responsabilisation individuelle des consommateurs et sur une diminution des interventions de l'État dans la société et l'économie.

---

1. Réseau liberté Québec, *Mission*, < http://liberte-quebec.ca/
   wordpress/?page_id=207 >.

Fait étonnant, cette vulgate néolibérale du « moins d'État », portée à bout de bras par le Réseau liberté Québec (RLQ), l'Institut économique de Montréal (IEDM) et bien d'autres, peine à s'accrocher à la réalité, qui vient démentir ce qu'ils avancent. Malgré trois décennies d'imposition de réformes néolibérales, l'État maintient et utilise toujours d'importants leviers interventionnistes et voit sa taille suivre une courbe d'expansion continue. Seulement au Québec, le budget du gouvernement a augmenté de 27 miliards de dollars depuis le début de la lutte au déficit de Lucien Bouchard, soit une croissance de 65 %[1]. Ce paradoxe – le développement concomitant du mantra du moindre État et l'expansion de l'appareil étatique – a de quoi laisser perplexes les ténors néolibéraux, mais aussi de nombreux intervenants de gauche.

De deux choses l'une : soit les néolibéraux sont de bien piètres gestionnaires de leur propre domination, soit l'objectif de la droite néolibérale ne fut jamais de démanteler l'État, mais bien de le transformer. Le mot d'ordre « moins d'État » est bien pratique pour mobiliser quelques exaltés utiles et pour maintenir dans la population un niveau d'insatisfaction envers les institutions collectives. Cependant, l'objectif fondamental du néolibéralisme – comme courant théorique, comme idéologie et comme faisceau d'intérêts – est à trouver ailleurs et consiste plutôt en une volonté de refonder l'État par un processus de transformations interne : délaisser les missions sociales de l'État afin de le mettre plus directement au service du développement des structures de l'économie de marché.

---

1. Budget du Québec, 1996-1997 – 2010-2011.

En fait, le néolibéralisme, avant d'être une doctrine économique, est d'abord et avant tout une doctrine politique qui se donne comme horizon la mise en place d'un modèle étatique au service d'un capitalisme en évolution. Ce projet d'État met de l'avant une forme de dressage disciplinaire des individus qui impose un type de rationalité propre à l'entreprise privée et à la société marchande. Il s'agit donc d'une doctrine politique à contenu moral qui assigne, tant à l'État qu'aux personnes, une nouvelle manière d'être dans le monde, dont les fondements sont le calcul économique (coûts-bénéfices) et la concurrence (guerre de tous contre tous).

Bref, pour bien comprendre le rôle de l'État sous le néolibéralisme, il faut dépasser nos réflexes premiers : ne plus comprendre le néolibéralisme comme une idéologie prônant le démantèlement de l'État, mais s'attarder à saisir les transformations profondes que l'ordre néolibéral lui impose.

Le nouveau rôle de l'État

Si, à la suite de la Seconde Guerre mondiale, l'État social a pu s'imposer comme structure étatique presque partout en Occident, l'accélération du processus de financiarisation de l'économie – couplé à une diminution de l'intensité des luttes sociales, aux chocs pétroliers, à la stagflation, etc. – a ouvert la porte aux présentes reconfigurations néolibérales. Afin de satisfaire aux nouvelles exigences de l'*overclass*[1],

---

1. L'*overclass* réfère à la classe dominante à l'ère du néolibéralisme, à sa concentration et à sa centralisation plus poussée qu'auparavant. Elle se structure autour de la prise de contrôle des positions institutionnelles prédominantes par

les États ont été sommés de s'adapter aux nouvelles structures politiques souhaitées par le capital financier.

Il s'agit là du point de départ des mutations actuelles. L'État doit changer afin de mieux répondre aux besoins d'une élite économique qui tire avantage de la libéralisation massive des mouvements de capitaux et de la mise en concurrence entre les États, ainsi que l'exacerbation des rapports de concurrences au sein même des classes laborieuses. Au cœur des présentes réformes, un objectif classique donc : que la forme de l'État réponde aux intérêts des dominants. À cela s'ajoute, comme il a déjà été souligné, un second objectif, d'ordre disciplinaire celui-là, soit de faire adopter par tous et toutes (individus, institutions, etc.) un même type de rapport au monde[1]. La pratique néolibérale, pour réaliser son idéal d'auto-organisation des marchés, doit d'abord utiliser toute la force coercitive de l'État afin de créer des réflexes de marché devant s'appliquer à l'ensemble de la vie en société.

Ce double objectif s'incarne au cœur même de l'État et des transformations qu'il subit. En plus de devoir se recentrer sur ses missions traditionnelles (sécurité-justice), l'État doit maintenant se confor-

---

l'élite économique et politique ainsi que par l'appartenance des membres de cette élite aux catégories de revenus les plus élevées (le 1% au sommet). Elle se définit matériellement par sa mainmise sur l'économie financière et le pouvoir politique, et culturellement par la séparation de ses membres du reste de la société (par exemple par l'utilisation de services privés exclusifs d'éducation, de santé, de transport, de loisirs, de consommations, d'habitation, etc.) et par le développement d'une culture d'élite cosmopolite.

1. Lire à ce sujet Pierre Dardot et Christian Laval, *La nouvelle raison du monde. Essai sur la société néolibérale*, Paris, La Découverte, 2010.

mer au modèle de l'entreprise privée pour son organisation interne tout en instituant ses relations externes suivant une logique de concurrence marchande. Cet État néolibéral qui se construit sous nos yeux peut se résumer en quatre qualificatifs : *État facilitateur*, *État distributeur*, *État compétitif* et *État sécuritaire*.

L'ÉTAT FACILITATEUR vise essentiellement à faciliter et à attirer les investissements privés. Cette fonction de l'État n'est pas nouvelle, mais l'exacerbation de la concurrence interétatique issue de la libéralisation du commerce mondiale en fait l'une des principales fonctions de l'État. Un bon gouvernement n'est pas celui qui parvient à mettre en place une saine régulation de l'économie de marché sur son territoire afin de favoriser le bien-être de sa population, mais est plutôt celui qui parvient à convaincre les investisseurs de par le monde que, s'ils daignent venir investir dans un pays donné, ils seront généreusement appuyés et obtiendront des garanties visant à protéger leurs investissements. Ainsi s'opère un glissement au sein des politiques publiques. Attirer des investissements devient une fin en soi, comme nous le montre l'exemple du Plan Nord au Québec. Le gouvernement prend sur lui les différentes dépenses inhérentes à tout développement économique, avant même d'avoir reçu une quelconque garantie de la part du privé[1]. L'État « facilite » l'investissement privé en ce sens qu'il assume lui-même une bonne part des

---

1. Pour une analyse critique du Plan Nord, voir Bertrand Schepper, *Le Plan Nord. Tant qu'il y a de l'argent à faire, tout va bien*, <http://www.iris-recherche.qc.ca/blogue/le-plan-nord-tant-quil-y-a-de-largent-a-faire-tout-va-bien/#more-441>.

coûts et des risques devant générer des profits pour les entreprises.

Plus globalement, l'action économique de l'État se détourne de plus en plus ouvertement de ses obligations sociales au nom de la création de la richesse. Ainsi, l'État œuvre à réduire les coûts salariaux assumés par les employeurs, ce qui accentue les écarts entre les riches et les pauvres partout dans le monde[1]; il met en place de généreuses politiques de soutien à la recherche et développement afin de financer en lieu et place du privé les avancées techniques qui profitent d'abord aux entreprises; il crée de nouveaux programmes d'études afin de satisfaire « en temps réel » les besoins du marché au détriment de la formation générale et citoyenne[2]; il assouplit le contrôle réglementaire (tant culturel, social qu'environnemental) afin de faciliter le regroupement d'entreprises dans un processus de création de méga-multinationales; et, pour boucler la boucle, il met à la disposition des entreprises d'importantes sommes d'argent, sous forme de subventions et autres incitatifs, afin de les attirer.

Il n'est donc pas question d'un retrait de l'État ou d'une diminution de son intervention dans l'économie, mais bien d'une modification dans la nature de ces interventions. L'État n'est pas là pour favoriser un développement optimal de son économie nationale, mais pour se faire le gardien et la béquille du « droit »

1. À ce sujet, lire Ève-Lyne Couturier et Bertrand Schepper, *Qui s'enrichit, qui s'appauvrit, 1976-2006*, Montréal, IRIS, 2010; Armin Yalnizyan, *The Rich and the Rest of Us*, Ottawa, CCPA, 2007; et *Toujours plus d'inégalité. Pourquoi les écarts de revenus se creusent*, Paris, OCDE, 2011.
2. Eric Martin et Maxime Ouellet, *Université Inc.*, Montréal, Lux, 2011.

des entreprises privées à être les uniques promoteurs de ce développement. L'État néolibéral se pense et s'institue dans un rapport de concurrence avec les autres États de la planète et c'est au nom de cette concurrence qu'il doit tout mettre en œuvre afin d'être plus attrayant aux yeux des investisseurs. Dans ce contexte, toute velléité de mise en place de politiques sociales ou fiscales dignes de ce nom est d'emblée considérée comme suspecte et est écartée afin de ne pas envoyer un « mauvais » message aux marchés.

L'ÉTAT DISTRIBUTEUR consiste en un rétrécissement du rôle de l'État en une simple organisation de distribution et de gestion de contrats. Il s'agit, pour l'État, de se retirer de l'accomplissement de ses propres activités en confiant le soin de les réaliser au secteur privé ou à des entités autonomes. Cette caractéristique de l'État néolibéral a donc une double fonction : prendre le relais des investissements privés là où ceux-ci sont incapables de créer des occasions d'affaires dans le dessein de maintenir, à l'aide de fonds publics, l'économie de marché à flot et d'utiliser divers modes de partenariats et de collaborations entre le secteur public et le secteur privé pour modeler ce premier à l'image du deuxième.

Concrètement, l'État distributeur s'incarne dans la stratégie québécoise de sortie crise. À la suite de la débâcle de 2008, le gouvernement Charest a mis en place un plan d'investissement massif en infrastructure de l'ordre de 41,8 milliards de dollars[1]. Ainsi, l'action gouvernementale, dans un contexte de crise

---

1. *Énoncé économique*, Gouvernement du Québec, 2009, p. 23-29.

économique et de tarissement des sources d'investissements privés, consiste à injecter d'importantes sommes d'argent dans l'économie pour remé-
dier au ralentissement économique. Plus fondamentalement, c'est en s'inspirant du modèle d'État distributeur que le gouvernement du Québec ouvre
toujours davantage ses portes à différents modes de
sous-traitance et de partenariats public-privé (PPP).
Si le néolibéralisme entraîne une forme de désenga-
gement de l'État, c'est essentiellement dans le cadre
de cette fonction distributrice, puisque l'État s'éloi-
gne de la gestion et de l'organisation directe des services offerts à la population pour se contenter d'un
rôle de donneur de contrats. Ainsi, les services dis-
pensés au nom de l'État peuvent l'être par l'entremise
du secteur privé et ainsi répondre à l'objectif de transformation néolibérale de l'État, les services publics
étant maintenant d'abord pensés par rapport à leur
capacité de devenir profitable pour le secteur privé.
De plus, l'imbrication public-privé tant à brouiller
les lignes de partage d'un secteur à l'autre, permettant ainsi à la rationalité économique marchande de
prendre pied comme logique organisatrice de l'État.

L'ÉTAT COMPÉTITIF est au cœur du processus de
transformation de l'État et de l'utilisation des pouvoirs publics comme organes de propagation de
réflexes marchands dans l'ensemble des sphères de la
vie sociale. Le principe de concurrence est le principe
moteur de l'ordre néolibéral, il est une fin en soi, un
objectif à atteindre, à construire. Tant pour organiser
les différents rapports entre les institutions publiques
ou entre les personnes et l'État, l'ordre compétitif est

en quelque sorte l'idéal même du néolibéralisme, soit la mise en place d'un cadre moral et idéologique reposant sur la capacité des agents économiques à survivre dans un univers compétitif marchand. C'est le marché érigé en arbitre entre ce qui est bien et ce qui est mal, en étalon de mesure et de validité des actions des individus et des États : ceux qui s'en tirent le mieux et se montrent plus efficace à anticiper les besoins du marché prospéreront, tandis les malheureux qui n'auront pas ce talent devront en assumer les conséquences.

Pour atteindre cet objectif qui assimile marché et efficacité, l'État vise à structurer ses propres activités selon le principe concurrentiel en favorisant la création de marchés publics dans lesquels les fonds accordés aux différents organismes responsables de desservir la population le seront en fonction de critères élevant la concurrence inter-établissement en règle d'or. Ce n'est pas l'évaluation des besoins de la population qui préside à la répartition des ressources de l'État, mais bien la capacité de chaque organisme public ou de chaque établissement à se montrer plus efficace et rentable que ces compétiteurs.

Deux exemples sont caractéristiques de cette tendance. D'abord, la fameuse contribution santé introduite par le gouvernement québécois dans la foulée du budget 2010. La distribution entre les établissements de santé des fonds recueillis à l'aide de cette contribution se fera « en fonction de leur performance[1] », donc suivant des critères qui ne visent pas à optimiser les services rendus à la population,

1. *Budget 2010-2011. Plan d'action économique et budgétaire*, Gouvernement du Québec, mars 2010, p. 104.

mais à récompenser le positionnement concurrentiel de chaque établissement. La même logique s'applique dans le monde universitaire lorsque, lors du dépôt du budget 2011-2012, le ministre des Finances a inclus dans son plan de financement de l'enseignement supérieur des critères de performance et d'accélération de la marchandisation des connaissances comme contrepartie d'une augmentation du financement universitaire[1].

De plus, l'État compétitif entend éduquer la population à agir de manière concurrentielle. Pour y arriver, on substitue au financement des services publics, basé sur l'impôt sur le revenu, un nouveau mode de financement, la tarification individuelle, basée sur le principe de l'utilisateur-payeur[2]. Selon ce principe, chaque personne est seule responsable du financement des services qu'elle utilise et, par conséquent, ne devrait pas être tenue de participer au financement de l'ensemble des missions de l'État. Il s'agit là d'une entreprise d'atomisation des liens sociaux visant à dénier tout rapport de solidarité pouvant unir les membres d'une même communauté politique.

L'État sécuritaire est la quatrième caractéristique de la grande mutation que le néolibéralisme impose à l'État. Prenant l'exact contrepied des politi-

---

1. *Un plan de financement des universités équitable et équilibré : Pour donner au Québec les moyens de ses ambitions*, Gouvernement du Québec, mars 2011.
2. À ce sujet, lire Francis Fortier, Guillaume Hébert et Philippe Hurteau, *La révolution tarifaire au Québec*, Montréal, IRIS, 2010.

ques d'austérité sociale, la politique sécuritaire se veut la réponse que l'État entend apporter pour « gérer » la présence des excluEs de l'économie de marché. En plus d'œuvrer à assurer la sécurité des investissements, l'État sécuritaire néolibéral est un État qui laisse une place toujours plus restreinte à la contestation et à la critique. De la répression des manifestions lors du sommet des Amériques en avril 2001 à celle contre le G-20 dans les rues de Toronto en 2010, aux massives et répétitives arrestations dans les rues montréalaises lors de rassemblements anticapitalistes[1] en passant par les coupes effectuées dans le financement de groupes féministes et le profilage racial et social dans les centres-villes et les quartiers populaires, l'État envoie le même message : désormais, la marginalité et la dissidence ne sont plus tolérées.

La reconfiguration sécuritaire n'est, bien entendu, pas uniquement le fruit d'un travail théorique. La construction de la rationalité néolibérale, son adoption comme principe ordonnateur de l'État et des individus concorde également avec la résurgence de la volonté des classes dominantes d'exercer leur hégémonie en reléguant les différentes formes de l'expression politique des classes populaires à l'extérieur de l'espace public. Désormais, chaque irruption populaire est taxée d'ignorance, d'irrationalisme ou d'immobilisme par la pensée dominante. Prenons simplement en exemple le traitement réservé aux opposants à la centrale du Suroît, ou plus récemment, à ceux qui « s'entêtent » à ne pas comprendre en quoi

---

1. Francis Dupuis-Déri, « Broyer du noir : manifestations et répression policière au Québec », dans *Les ateliers de l'éthique*, vol. 1, n° 1, printemps 2006, p. 59-80.

l'exploitation du gaz de schiste devrait être une priorité nationale. Obstruer l'ordre du jour des dominants, ce n'est plus simplement prendre parti dans un conflit de classe, c'est carrément vouloir faire obstacle à la marche du progrès :

> L'ignorance reprochée au peuple est simplement son manque de foi. De fait, la foi historique a changé de camp. Elle semble aujourd'hui l'apanage des gouvernements et de leurs experts. C'est qu'elle seconde leur compulsion la plus profonde, la compulsion naturelle au gouvernement oligarchique : la compulsion à se débarrasser du peuple et de la politique. En se déclarant simples gestionnaires des retombées locales de la nécessité historique mondiale, nos gouvernements s'appliquent à expulser [de nos sociétés] le supplément démocratique[1].

Conclusion

Au sein du néolibéralisme, le rôle de l'État peut se résumer ainsi :

1. Servir de renfort acritique au secteur privé, allant même jusqu'à adopter les modes d'organisation propres à l'entreprise privée.
2. Créer des occasions d'affaire pour ce même secteur privé jugé seul apte à prendre en main le développement économique des nations et des peuples.
3. Mettre de l'avant des rapports de concurrence « et souvent les créer de toutes pièces » entre les différentes succursales de l'État tout en éduquant

---

1. Jacques Rancière, *La haine de la démocratie*, Paris, La Fabrique, 2005, p. 89.

la population à développer en elle-même « dans les relations d'individu à individu ainsi que dans les relations des personnes vis-à-vis de l'État » des réflexes de marché.

4. Recentrer l'action étatique sur un rôle sécuritaire qui voit dans la démocratie une dérive culturelle et de civilisation à combattre.

Comme il a été dit au début de ce texte, l'État néolibéral n'est en rien un mouvement vers « moins d'État », mais bien un travail de fond qui vise à réformer les institutions étatiques. En plus de se mettre totalement au service des intérêts particuliers des grands représentants du monde des affaires, l'État se met au service du capital comme force sociale globale et comme concept totalisant. L'État néolibéral, c'est l'État qui voit dans la forme marchande l'accomplissement du destin de l'humanité et qui œuvre à nous enfermer dans cette destinée désastreuse.

La grande illusion
des bienfaits du libre-échange

Claude Vaillancourt

À L'ÈRE DE LA MONDIALISATION, le libre-échange s'impose comme une évidence. Les frontières ne doivent plus apparaître comme des obstacles à la circulation des biens, des services et des capitaux. Nos économies interdépendantes forment un tout, visent la plus large intégration possible, de manière à ce que les consommateurs puissent profiter du plus grand nombre de produits au plus bas prix.

Le terme « libre-échange » est d'ailleurs une excellente trouvaille. Qui oserait s'opposer à la liberté et à la multiplication des échanges? Ainsi, les accords de libre-échange sont toujours annoncés comme une excellente nouvelle : ils offriront à nos compagnies de nouveaux marchés et permettront de créer de l'emploi. Au libre-échange, on oppose un mot honni : « protectionnisme ». C'est-à-dire le repli sur soi, le réflexe égocentrique et la peur irrationnelle des effets bénéfiques de la concurrence. D'ailleurs, ces deux concepts sont présentés comme viscéralement liés, ce qui nous forcerait à choisir l'un ou l'autre, le libre-échange se posant toutefois comme la seule option valable. Pourtant, il existe bel et bien d'autres manières d'entrevoir les échanges commerciaux.

En vérité, le libre-échange ne ressemble à rien de ce qu'on nous promet depuis les premiers grands accords conçus à la fin des années 1980. Sous son effet :

- les inégalités se sont accentuées et la richesse n'a pas été redistribuée ;
- les entreprises transnationales ont accru leur puissance, très souvent aux dépens des PME et des entreprises locales ;
- la démocratie a été affaiblie, puisque ces accords sont conçus pour être protégés des changements de gouvernement ;
- l'environnement n'a profité d'aucune protection particulière, au contraire, puisque les accords de libre-échange découragent la réglementation dans ce secteur ;
- de nombreux travailleurs ont vu leurs conditions se détériorer à cause de la concurrence internationale ;
- l'économie déréglementée, telle que mise en place dans les accords, accentue les crises.

Malgré ces conséquences dommageables, on continue à multiplier les accords de libre-échange et à les voir comme une panacée à nos malheurs économiques. Ils demeurent mal compris, abstraits, éloignés des gens et prêtent à confusion. Le terme séduit toujours. Toutefois, il faut savoir que le libre-échange n'émancipe en rien les peuples et que le type de commerce qu'il encourage profite essentiellement aux plus puissants.

Il est donc nécessaire d'examiner ces accords, d'expliquer leur mécanisme, d'explorer leur langage sibyllin pour saisir comment ils soumettent le pouvoir politique aux besoins d'un marché tout puissant.

Accessibilité et expansion

Les accords rendraient un plus grand nombre de produits et services accessibles à tous. Et ils favoriseraient un meilleur accès à des marchés étrangers, ce qui permettrait à nos compagnies de prendre de l'expansion et donc, de créer plus d'emploi et de nous enrichir. Ceci est très discutable.

D'abord, les produits circulent et traversent facilement les frontières, avec ou sans accords de libre-échange. De quoi les consommateurs québécois seraient-ils donc privés, dans nos magasins où nous avons à portée de main des produits du monde entier? Certes, nous pourrions en payer quelques-uns moins cher, si certains droits de douane étaient plus bas. Mais en vérité, ces droits ne sont déjà réduits à presque rien pour la quasi-totalité des pays occidentaux, si bien qu'on ne peut alors envisager de réelles économies. Et là où ils sont plus élevés – dans les pays du Sud – ils ont leur utilité : de nombreux États avec des populations très pauvres – donc incapables de payer de façon suffisante taxes et impôts – seraient privés de revenus essentiels, si on leur enlevait cette précieuse source.

Quant aux services, ils ne s'exportent pas comme des marchandises. Les États ont tout intérêt à garder certains secteurs vitaux hors de la sphère marchande, comme la santé, l'éducation, la culture, l'eau. Ouvrir ces services à la concurrence internationale dans un accord de libre-échange signifierait par exemple, dans la santé, l'implantation de cliniques et d'hôpitaux privés appartenant à des conglomérats étrangers. Ces services privatisés coûteront cher puisqu'ils doivent nécessairement rapporter des profits élevés aux actionnaires. Nous nous retrouverions ainsi dans un monde profondément injuste au sein duquel les plus fortunéEs se paieraient de meilleurs services.

Il ne faut pas s'attendre à des miracles non plus de l'accès sans contraintes pour nos entreprises dans des marchés étrangers. Certes, on se réjouit quand certaines d'entre elles font d'excellentes affaires hors de nos frontières, facilitées par un accord de libre-échange. La contrepartie, c'est que des compagnies étrangères l'emportent aussi sur les nôtres et conquièrent certains de nos marchés. C'est de bonne guerre, dit-on, un jeu de libre concurrence qui fait descendre les prix. Cette même concurrence permet aussi la composition de très grands conglomérats qui forment des oligopoles contrôlant les prix… qui ne sont plus si bas.

Cette même concurrence s'installe aussi entre les travailleurs et travailleuses des différents pays. Ce qui nécessite parfois la fermeture d'entreprises pas assez compétitives devant les filiales délocalisées, qui se permettent d'offrir de plus bas salaires et de moins bonnes conditions de travail. La concurrence concerne aussi les paysans. Par exemple, les États-Uniens ont pu exporter leur maïs largement subventionné au Mexique grâce à l'ALÉNA. Ce qui a forcé de nombreux paysans à quitter leur terre, alors que plusieurs d'entre eux sont devenus des travailleurs exploités dans les *maquiladoras*, entrant ainsi en compétition à leur tour avec les ouvriers états-uniens, qui seront victimes de fermetures d'usines.

Un accord de libre-échange peut changer les choix économiques et créer des pertes d'emploi plutôt que des gains. Le chercheur Jim Stanford a démontré que le Canada souhaite exporter davantage de ressources naturelles par l'accord de libre-échange avec l'Europe, appelé Accord économique et commercial global (AÉCG). Il aura donc intérêt à maintenir un dollar fort, ce qui affaiblira le secteur industriel, qui emploie beaucoup plus de travailleurs et de travailleuses. Stanford prévoit une perte oscillant de 28 000 à 150 000 emplois au Canada.

Un grand marché ouvert et déréglementé

En fait, la véritable raison d'être des accords de libre-échange est de réduire le pouvoir des États de réglementer, de façon à faciliter l'expansion de la grande entreprise. Ces accords correspondent parfaitement aux voeux des grands patrons : ces derniers sont amplement consultés, envoient leurs lobbyistes proposer ce qui leur convient, déterminent ce qui se retrouvera dans l'accord. Pendant ce temps, personne d'autre n'est vraiment consulté : ni experts indépendants, ni organisations syndicales, ONG ou groupes communautaires, ni l'ensemble de la population.

Le champ d'action des accords commerciaux devrait en principe se limiter au commerce. Mais ce terme est pris dans une acception si large qu'on en vient à affecter tous les aspects de la vie. Les accords de libre-échange s'intéressent désormais aux secteurs les plus variés : l'industrie, la finance, l'agriculture, la propriété intellectuelle, les services publics, l'eau, l'environnement, la culture. Le prisme est si large qu'on touche ainsi directement les droits de la personne.

Si bien qu'avant de conclure rapidement le plus grand nombre d'accords possible, comme nos gouvernements ont choisi de le faire, il faut revenir sur les choix de société qu'ils impliquent. Ainsi, en ce qui concerne l'éducation : s'agit-il d'un droit inaliénable et qu'on ne peut pas marchandiser ? Ou doit-on accorder le droit aux entreprises de faire librement de l'import / export dans ce secteur pour générer d'importants profits ? Qu'est-ce qui est donc le plus important : que tous s'instruisent ou que certains fassent beaucoup d'argent ?

Le problème, c'est que les accords commerciaux sont négociés par des experts en commerce qui ne sont pas saisis de ces questions et ont souvent des connaissances limitées hors de leur champ de spécialisation. Ces experts conçoivent des accords de plusieurs milliers de pages dans un langage touffu et incompréhensible, qui sont ratifiés rapidement, sans débats publics, par des parlementaires qui ne les ont pas lus.

Selon Pierre-Marc Johnson, négociateur en chef du Québec pour l'AÉCG, les négociateurs lancent des « ballons » pour tester les réactions des autres et pour voir jusqu'où on peut aller. Ces négociateurs se comportent comme des joueurs, bluffent, mettent en jeu de larges secteurs de l'économie, toujours avec l'objectif d'en ouvrir le plus grand nombre. Leur mandat est clair : ils doivent y arriver le plus efficacement possible. Ce qu'ils veulent, c'est gagner. Tant pis pour les conséquences sur l'ensemble de la population. Ils procèdent dans le plus grand secret, par « tradition » nous dit-on. La véritable « tradition » des accords commerciaux est de transformer le commerce international en un immense marché ouvert et déréglementé. Les droits du commerce l'emportent alors sur toute autre forme de droit. Et cette transformation majeure de nos sociétés se fait sans le moindre respect de la démocratie.

Ainsi, l'Union européenne a pu imposer à ses populations son traité de Lisbonne, qui est en fait un grand traité de libre-échange. Malgré le rejet de cette entente par référendums dans trois pays (la France, les Pays-Bas et l'Irlande), le traité a été adopté dans une version à peine modifiée de celle qu'on avait proposée. Ce pitoyable exercice « démocratique » constitue toutefois une exception : les accords commerciaux ne sont pas ratifiés par référendum. Le risque pour les gouvernements de perdre serait beaucoup trop élevé. Aujourd'hui, la démocratie fait si peur qu'on lui tourne le dos.

Des principes généraux

De quoi sont donc composés les accords de libre-échange ? Toujours plus nombreux, parfois multilatéraux (entre plusieurs pays), de plus en plus bilatéraux (entre deux pays), ils présentent d'inévitables différences. Mais au-delà des innombrables variations et exceptions glissées dans les textes, ils se ressemblent par leurs principes transversaux. Notons les plus lourds en terme de conséquences d'entre eux :

LA RÈGLE DE NON-DISCRIMINATION

Selon cette règle, *les compagnies étrangères ne peuvent en aucun cas être moins bien traitées que les compagnies nationales.* On la retrouve dans les accords commerciaux sous le nom de « clause du traitement national ». La discrimination est sans aucun doute condamnable en principe. Seulement, la façon dont elle s'applique dans les accords commerciaux pose nettement problème. Si la clause vaut pour les « produits similaires ou substituables », elle ne permet pas de faire une distinction entre des produits d'une même catégorie. Ainsi, le maïs biologique n'est pas différent du maïs industriel génétiquement modifié ; le film local à budget restreint équivaut à une super production hollywoodienne. Aussi, une PME à ses débuts oeuvrant dans un marché local et une gigantesque compagnie étrangère transnationale doivent être traitées de la même manière lors d'un appel d'offres. La cafétéria d'un hôpital peut se voir obligée d'acheter un pain industriel qui voyage des centaines de kilomètres – ce qui contribue à l'émission de gaz à effet de serre – plutôt que de s'approvisionner dans une boulangerie locale qui offre un pain de meilleure qualité, mais un peu plus cher.

Inutile de dire qu'on ne peut pas alors parler d'égalité des chances ; la règle de non-discrimination se transforme paradoxalement en discrimination en faveur du plus riche et du plus puissant. Cette règle à été créée pour empêcher le protectionnisme. On constate que la hantise dogmatique du protectionnisme empêche de considérer le développement de façon plus globale et réfléchie, en tenant compte de l'environnement, de l'emploi, de la qualité des produits, voire de la qualité de la vie.

L'OUVERTURE DES MARCHÉS PUBLICS

Depuis les tous débuts de l'Organisation mondiale du commerce (OMC) en 1995, il existe une ferme volonté d'inclure les marchés publics dans les accords de libre-échange. Un « marché public », rappelons-le, désigne l'approvisionnement et l'achat en biens et services d'un gouvernement. Accorder ce type de contrat à tous les niveaux – fédéral, provincial (qui inclut les écoles et les services de santé), municipal au Canada – est une tâche importante des gouvernements *puisqu'ils peuvent se servir de ce levier pour soutenir l'économie locale, favoriser des entreprises qui proposent de bonnes conditions de travail ou qui se préoccupent de la protection de l'environnement.* C'est pour cette raison que de nombreux pays du Sud ont fermement rejeté d'inclure les marchés publics lors du sommet de l'OMC de Seattle en 1999.

Cependant, les gens d'affaires sont constamment revenus à la charge. Négocier l'ouverture de tous les marchés publics a même été une condition sine qua *non* imposée par l'Europe dans la mise en place de l'AÉCG. C'est que les marchés publics permettent une privatisation progressive et discrète de nombreux services publics. Par exemple, les Québécois et les Québécoises accepteraient mal de voir la distribution d'eau privatisée. Mais en multipliant les appels d'offres, sous le prétexte que les municipalités n'ont plus ni les sous ni l'expertise pour faire de grands travaux, les multinationales européennes de l'eau seront en position idéale, grâce à l'AÉCG, pour conquérir ce marché. Inclure les marchés publics dans un accord de libre-échange a donc de sérieuses répercussions. Les événements récents au Québec ont montré les effets néfastes d'avoir recours trop systématiquement aux appels d'offres, plutôt que d'entreprendre soi-même les travaux : tentative de corruption pour obtenir les contrats, dépassement des coûts, perte de contrôle des différents projets, financement intéressé et conditionnel des partis politiques, etc. Avec un accord tel que l'AÉCG, les pressions seront fortes de multiplier les procédures en appels d'offre, ce qui a tout pour plaire aux puissantes compagnies européennes alléchées par de riches contrats. Et cela, à nos dépens.

LA PROTECTION DES INVESTISSEMENTS

Les accords de libre-échange incluent de plus en plus un chapitre sur l'investissement dont le chapitre 11 de l'ALÉNA est le principal modèle. Des ententes portant uniquement sur cet aspect, appelées « traités bilatéraux sur l'investissement », se multiplient en dehors des accords commerciaux. Il en existe aujourd'hui plus de 2 000. Le principe des accords bilatéraux sur l'investissement – et des dispositions investisseur / État dans les accords commerciaux – place les droits commerciaux et ceux des investisseurs au-dessus de tout. Ainsi les compagnies *peuvent s'attaquer à des lois conçues dans l'intérêt public si elles les privent d'un profit anticipé.* Plusieurs entreprises en ont profité dans le cadre de l'ALENA, l'accord de libre-échange conclu entre le Canada, les États-Unis et le Mexique. Le Canada a subi 28 poursuites et a dû débourser 157 millions de dollars en compensations. Les poursuites ont tendance à devenir plus nombreuses et les compensations plus élevées.

Les accords d'investissements – et les chapitres identiques inclus dans de très nombreux accords de libre-échange – instaurent des procédures d'arbitrage par un organe de règlement des différends qui établit en fait de drôles de tribunaux. Ceux-ci sont composés d'«arbitres» choisis ponctuellement parmi des experts selon des critères obtus. Ils se déroulent derrière des portes closes, sans aucun des processus de transparence utilisés ailleurs dans la pratique de la justice. Les décisions tombent comme des arrêts, sans que l'on ne comprenne comment elles ont été prises.

L'Australie a renoncé depuis peu à cette disposition dans les accords qu'elle négocie parce son gouvernement juge, à juste titre, que ce n'est pas la tâche des États de répondre au risque des compagnies à investir dans les pays étrangers. Voilà un exemple qui mérite d'être suivi.

Pour remplacer le libre-échange

Le libre-échange est souvent présenté comme inéluctable : sans lui, sans « cadre juridique » pour les échanges commerciaux, les pays érigeraient des murs entre eux, les biens ne circuleraient plus et l'économie s'écroulerait. Pourtant, des échanges commerciaux peuvent très bien se faire sans que la souveraineté des États soit compromise. Des pays asiatiques comme le Japon et la Chine ont multiplié les exportations dans de nombreux pays sans accords de libre-échange. Personne ne nie l'importance du commerce. Mais il n'est pas nécessaire de lui sacrifier les droits de la personne et la démocratie.

Il est bon de se rappeler une occasion où l'on a pensé à organiser le commerce international hors des principes néolibéraux de déréglementation et de libéralisation des marchés. En 1948, le Conseil économique et social des Nations unies avait eu l'intention de mettre sur pied une Organisation internationale du commerce (OIC) qui aurait été basée sur de meilleures propositions. Dans ce cadre avait été réalisée une Charte de la Havane qui devait baliser le commerce international selon des orientations autrement plus stimulantes que ce que l'on propose aujourd'hui.

Dans leurs échanges, les pays devaient entre autres :

- soutenir un objectif de plein emploi ;
- favoriser la coopération entre États membres plutôt que la concurrence ;
- adopter des normes de travail équitables ;
- contrôler les mouvements de capitaux ;
- autoriser les aides de l'État et les subventions, dans certaines circonstances ;
- interdire le dumping ;
- considérer les produits de base comme une catégorie particulière.

Ce qui allait de soi à l'époque semble tenir aujourd'hui de l'hérésie. On pourrait ajouter à cette liste l'exclusion de secteurs vitaux, comme l'agriculture, la santé l'éducation, la culture. Le commerce international, tout en étant fluide et dynamique, fonctionnerait alors selon des principes avantageux pour tous.

L'OIC a dû laisser sa place au GATT, qui a considérablement réduit les droits de douane sur les produits manufacturés, puis à l'OMC qui cherche à implanter un vaste marché mondial sans contraintes. Dans ce monde de concurrence, l'autre est un ennemi, tous les coups sont permis, celui qui ne gagne pas – mais les gagnants sont rares – se trouve délaissé et dépourvu. Les principes de coopération et de solidarité, sans être utopiques, sont pourtant beaucoup plus stimulants, équitables et permettraient de construire un monde bien meilleur. Mais personne n'a songé à les inclure dans les accords de libre-échange.

Nouvelle stratégie, nouveaux combats

Les sociétés civiles de différents pays ont remporté de grandes batailles contre libre-échange. D'importants accords ont été bloqués, comme l'Accord multilatéral sur l'investissement (AMI), qui donnait aux investisseurs le pouvoir de s'attaquer aux États (comme dans le chapitre 11 de l'ALÉNA) et la Zone de libre-échange des Amériques (ZLÉA), qui visait à étendre le libre-échange, dans toute l'Amérique (sauf Cuba), de la Terre de Feu à la Terre de Baffin.

L'OMC a suspendu les négociations du cycle de Doha, qui visait à entreprendre les libéralisations les plus ambitieuses jamais prévues, auprès de plus de 150 pays membres, dans tous les secteurs, de l'agriculture aux services. Les hésitations de nombreux pays à abandonner ces deux secteurs vitaux à la grande entreprise ont fait échouer les négociations. Devant ces échecs des négociations multilatérales, l'accent est mis sur les accords bilatéraux. Ceux-ci sont désormais si nombreux qu'il devient difficile de les combattre tous. Trente-six accords bilatéraux sur l'investissement ont été signés ou sont en attente d'être signés par Canada, qui a manifesté son intention d'ajouter le Japon et l'Inde à sa liste.

Seules, de nouvelles mobilisations pourront mettre fin à cette propagation – et permettront de revenir sur ceux qui ont été ratifiés[1]. Par la puissance de notre partenaire et par les champs multiples qu'il couvre, l'AÉCG, devrait être le premier à être combattu. Il serait aussi possible de revenir sur l'ALÉNA et surtout, sur son douteux chapitre 11.

Trop souvent, les accords de libre-échange sont reçus comme une fatalité, d'autant plus que par leur multiplication, ils se font plus discrets. Il devient difficile de cibler leurs inconvénients, de les exposer publiquement. Les négliger serait toutefois une grave erreur. À l'heure d'une crise qui n'en finit plus, les déréglementations et les libéralisations proposées dans les accords de libre-échange ne font qu'accentuer les maux dont souffre notre économie.

Il ne faut donc plus se laisser berner par les promesses de prospérité que lancent sans cesse nos gouvernements lorsqu'ils abordent la question du libre-échange. Par ailleurs, il est important de se rappeler que nos droits et notre bien-être doivent l'emporter sur les intérêts immédiats, souvent étroits et stériles, des investisseurs et des grandes compagnies.

---

1. Le Canada a entre autres conclu un accord de libre-échange avec le Panamá, l'un des pires paradis fiscaux, profondément lié au narcotrafic.

Un monde dominé
par le secteur financier

Bernard Élie

En 1936, l'économiste britannique John Maynard Keynes déclarait :

> La scission entre la propriété et la gestion du capital, qui prévaut à l'heure actuelle, et l'extension prise par les marchés financiers organisés ont fait intervenir un nouveau facteur d'une grande importance, qui facilite parfois l'investissement, mais qui parfois aussi contribue à aggraver l'instabilité du système[1].

La « scission entre la propriété et la gestion du capital » dont parlait Keynes, il y a plus de soixante-quinze ans, est revenue en force depuis les années 1980 et est au cœur de la crise actuelle, commencée en 2007. Les conditions qui ont provoqué le krach boursier de Wall Street, le 24 octobre 1929, et entraîné la Grande Dépression sont à nouveau

---

1. John Maynard Keynes, *Théorie générale de l'emploi, de l'intérêt et de la monnaie*, Paris, Payot, 1966 [1936], p. 165.

réunies aujourd'hui. L'ordre libéral ou néolibéral a encore atteint ses limites. Encore une fois, la domination du secteur financier a conduit à une dépression que l'on a comparée à celle des années 1930.

Le secteur financier et ses marchés

Le secteur financier regroupe des établissements qui font le commerce de l'argent (banques, sociétés d'investissement, fonds de retraite, sociétés d'assurance et autres investisseurs institutionnels). Ils prêtent aux États, aux entreprises et aux particuliers sous différentes formes (obligations, actions, prêts de toutes sortes). Les entreprises du secteur financier obtiennent leurs ressources en empruntant elles-mêmes sur les marchés en émettant des titres, leurs dettes. Les marchés financiers sont spécialisés dans les transactions de certains titres : marchés des changes, marchés d'actions (la bourse), marché interbancaire, marchés de produits dérivés. Ils sont situés sur des lieux géographiques précis (la bourse de New York sur Wall Street) ou non.

Les particuliers, les entreprises et les États utilisent les marchés pour se financer, pour y vendre leur dette; le rôle des marchés est donc de rendre les dettes négociables. Les investisseurs utilisent les marchés pour placer leurs capitaux, y acheter des titres. Les marchés normalement garantissent aussi la possibilité de revendre ces titres : le rôle des marchés est donc de rendre les titres liquides ou facilement vendables. Plus un titre est liquide, plus le risque de l'investisseur est réduit. On dit alors que le marché est profond.

Tout semble parfait! Mais, en réalité, il y a une contradiction fondamentale entre le secteur des entreprises de production et le secteur financier. Les entreprises de production, emprunteuses, utilisent ces fonds pour faire des investissements physiques et de long terme, mais les investisseurs veulent pouvoir récupérer leurs fonds rapidement, à court terme si nécessaire, selon leur analyse des risques ou leur humeur. Les uns sont dans un univers de long terme et les autres ont un horizon de court terme. Si les marchés ne sont pas assez profonds, il y aura crise. Un marché profond est un marché où il y a beaucoup d'investisseurs, d'acheteurs de titres. Si un détenteur de titres veut vendre, il n'y aura pas de difficulté à trouver un preneur. S'il est difficile ou impossible de vendre, le titre se dépréciera et les entreprises émettrices ne pourront plus avoir accès à un financement aussi facile.

Dans la vision traditionnelle, le secteur financier a donc un rôle de « service » auprès des autres agents économiques. Le secteur financier est sous la surveillance des États par un encadrement réglementaire plus ou moins contraignant. De plus, les gouvernements fixent les conditions prévalant sur les marchés, en particulier les taux d'intérêt, en particulier par l'intermédiaire de la politique monétaire. Dans ce schéma, les entreprises de production peuvent se financer dans les meilleures conditions et ainsi elles peuvent créer de la richesse et des emplois pour assurer la demande des biens et des services. L'économie fonctionne bien et la croissance est alors favorisée. Cependant, la réalité d'aujourd'hui est tout autre que ce schéma idéal.

La libéralisation du secteur financier

Lors de la Grande Dépression des années 1930, les gouvernements ont compris qu'il valait mieux encadrer le secteur financier pour éviter une nouvelle crise et donner à l'État un rôle économique central. Le président américain Franklin Delano Roosevelt en était bien conscient et, dès son arrivée au pouvoir en mars 1933, a mis en place son *New Deal for American people*. La même année, aux États-Unis, le Glass-Steagall Act va restreindre l'activité des banques de dépôt dans les marchés financiers, en particulier l'accès à Wall Street leur était fermé. Au Canada, à la suite de la Commission MacMillan, la Banque du Canada est créée pour encadrer les banques de dépôt ; elle aura le monopole de l'émission des billets. De plus, c'est à cette époque que le secteur financier sera formellement découpé en cinq divisions fortement cloisonnées. Par prudence, le législateur a voulu limiter l'activité des différents établissements financiers pour empêcher la contamination d'un secteur d'activité à un autre. Les banques de dépôt, les sociétés de fiducie, les compagnies d'assurance, les courtiers en valeurs mobilières et les sociétés d'investissement devaient se confiner strictement à leurs champs d'activité propres. Par exemple, pas question qu'une banque puisse faire de l'assurance ou du courtage, même les prêts hypothécaires leurs étaient interdits. Mais cette sagesse sera abandonnée avec le retour des idées libérales dans les années 1980.

Le retour du libéralisme économique

Après trente années de croissance soutenue (1945-1975, les *Trente Glorieuses*), le modèle keynésien a connu des ratés, à partir de la fin des années 1960. Il ne pouvait expliquer et, surtout, il ne pouvait résoudre l'existence simultanée de haut niveau de chômage et d'inflation, c'est ce que l'on appela la *stagflation* (la fusion des mots stagnation et d'inflation). Peu à peu, les tenants du modèle libéral orthodoxe réapparurent, eux qui étaient très discrets depuis plus de trente-cinq ans. Ces derniers avaient foi dans le marché libre, comme mécanisme le plus efficace d'allocation des ressources, et tous avaient une aversion absolue de l'intervention de l'État.

L'engouement qu'a provoqué le modèle libéral ne s'explique pas tellement par ses découvertes scientifiques ou par la solidité de son argumentation, mais par la foi proclamée dans les vertus des lois du marché et du laisser-faire. Si les auteurs libéraux insistent tant sur les perturbations provoquées par l'intervention de l'État, c'est parce qu'ils pensent que le système laissé à lui-même ne peut évoluer que de façon harmonieuse. L'idée sous-jacente ici est que moins l'État intervient, mieux cela vaut. Une telle proposition explique la popularité des libéraux dans certains milieux. Comme cela est souvent le cas, surtout en sciences humaines, une théorie est choisie parce qu'elle correspond à l'idéologie de ses utilisateurs.

Dans les années 1980, en Grande-Bretagne (avec Margaret Thatcher, de 1979 à 1990), aux États-Unis (avec Ronald Reagan, de 1981 à 1988), au Canada (avec Brian Mulroney, de 1984 à 1992) et un peu partout, s'installe l'ordre libéral : le démantèlement de l'État keynésien est au programme. Au plan national, comme à l'international, il faut tout libéraliser, il faut tout déréglementer. Il est important de noter que cette *révolution libérale* a été appelée par les changements survenus sur les marchés, en particulier sur les marchés financiers.

Le programme libéral est très vaste et les fronts nombreux. *Le marché du travail* doit être plus souple, c'est-à-dire plus docile, quitte à être autoritaire envers les syndicats, à prendre des mesures musclées pour empêcher la syndicalisation ou à rendre plus difficile l'accès aux programmes d'assistance et d'assurance. Certains voudront même abolir les régimes étatiques de pension, pour les remplacer par des régimes individuels d'épargne retraite, à chacun selon son revenu et son épargne ! La fiscalité doit être moins décourageante, ceux qui ont un revenu élevé (parce qu'ils travaillent très fort !) ne doivent pas être trop taxés. Au contraire, il faut les récompenser de leurs efforts. Les réductions d'impôts des hauts revenus deviennent la norme. L'introduction de taxes à la consommation, comme la TPS et la TVQ en 1989, répondaient à la volonté libérale *de pénaliser la consommation* et *d'encourager la vertu de l'épargne* et ainsi favoriser l'investissement.

Pour avoir une telle fiscalité, il faut effacer, dans un premier temps, les déficits budgétaires (*le fameux déficit zéro* au Québec ou *la règle d'or* en Europe) ; par la suite on est dans l'obligation de limiter le rôle de l'État. Il n'y a pas de miracle : le rôle de l'État doit être amoindri, car *de toutes les façons,* pour les libéraux, *le marché fait mieux.* Le passage obligé est la réduction des programmes et leur privatisation partielle ou totale.

Le retour de la pensée libérale conduira également à une déréglementation des marchés financiers et à une libéralisation des mouvements des capitaux. Ces changements seront d'autant plus souhaités par les intervenants qu'ils permettront d'assurer une plus grande *liquidité* des capitaux. L'opérateur pourra plus facilement changer son portefeuille si la conjoncture varie. En effet, en période de croissance des risques, la première parade des entreprises financières sera de diversifier leurs activités et de décloisonner le secteur financier. La deuxième parade sera de réclamer la libéralisation des mouvements des capitaux ce qui donnera accès à un plus grand nombre de marchés et à plus de choix d'investissements. Amorcé en Angleterre et aux États-Unis, ce mouvement se généralisera dans les années 1980 et 1990.

Le nouveau rôle du secteur financier

À LA RECHERCHE DE LA LIQUIDITÉ

Dans un monde plus imprévisible, la recherche de la liquidité devient une condition de survie. Il faut pouvoir reconfigurer son portefeuille rapidement afin de se protéger de risques de plus en plus grands. Prenons un exemple : dans une vision habituelle, une banque qui accorde un prêt à une entreprise établit un lien contractuel avec l'emprunteur. D'abord, la banque, si elle veut être remboursée, évaluera le bien-fondé de cette demande d'emprunt et la bonne gestion de l'entreprise. Puis, la banque suivra attentivement le déroulement du projet de l'entreprise et la rigueur des décisions de ses dirigeants. La banque maximisera ainsi les chances d'être remboursée au terme du prêt, toutes choses étant égales par ailleurs.

Toutefois, aujourd'hui, toutes choses ne sont plus égales par ailleurs. Les risques externes à l'entreprise font souvent que ce prêt devient plus incertain. Ainsi, une variation du taux de change peut rendre la concurrence internationale plus forte ou l'exportation plus difficile. La bonne gestion de l'entreprise n'est pas mise en cause, ni le bon suivi des opérations par la banque. Également, une croissance des taux d'intérêt peut rendre ce prêt moins rentable pour la banque; investir ailleurs serait plus profitable. L'établissement financier assume les risques de perdre le prêt accordé, si l'entreprise fait faillite, ou de rater des gains potentiels si un placement plus rentable avait été réalisé. Que faire, pour réduire ces risques?

Pour être en mesure d'adapter ses actifs ou de reconfigurer son portefeuille, les établissements financiers vont préférer des placements sous forme de titres plus faciles à vendre sur des marchés organisés. Un investissement en actions donnera même à l'investisseur un certain contrôle sur la gestion de l'entreprise pour favoriser des rendements élevés et une augmentation de la valeur des actions. Les entreprises ne sont plus considérées comme des établissements industriels, mais comme des actifs financiers dont il faut maximiser la valeur boursière par tous les moyens. La nouvelle gouvernance mise en place verra à atteindre cet objectif. La rationalisation des opérations, les fusions ou les acquisitions et la réduction des coûts du travail seront privilégiées pour accroître la valeur boursière de l'entreprise. Les dirigeants des entreprises auront des primes alléchantes et des prises d'options sur les actions leur garantissant des gains en capitaux avantageux. Depuis vingt ans, nous avons assisté à d'énormes transferts de richesses du secteur de la production vers le secteur financier.

Nous avons aussi assisté à la création de nouveaux produits financiers de plus en plus complexes et imaginatifs. Ces produits astucieux permettront la *titrisa-tion* de certains actifs. C'est-à-dire de transformer certains actifs en titres facilement vendables sur les marchés. Prenons le prêt accordé par une banque à une entreprise. La banque pourrait émettre des obligations dont la valeur reposerait sur le prêt accordé. La banque peut facilement vendre ses obligations et ainsi refiler les risques à l'acheteur. La banque récupère des fonds qu'elle peut placer ailleurs et se déresponsabilise de ce prêt. Elle n'a plus à surveiller la gestion de l'entreprise puisqu'elle a remis le risque à un tiers.

Les fameux PCAA (les papiers commerciaux adossés à des actifs) sont des opérations de titrisation parmi les plus médiatisées après les pertes subies par la Caisse de dépôt et placement du Québec. La création de PCAA consiste d'abord à regrouper des actifs différents (hypothèques, prêts-bail auto, créances sur cartes de crédit, etc.) par un établissement financier. Puis ce dernier met en vente des papiers commerciaux (des titres de dettes à court terme de 30 à 90 jours d'échéance) à son nom dont la valeur repose sur les actifs regroupés. L'établissement financier récupère ainsi des liquidités et rapporte les risques à l'acheteur des papiers commerciaux. Ces papiers commerciaux ont été *notés* par des agences spécialisées, par exemple, Moody's ou Standard & Poor's, non pas sur les actifs regroupés, mais sur l'établissement financier qui émet les papiers commerciaux dont la note est meilleure.

Les établissements financiers dans leur recherche de liquidité vont donc privilégier les marchés financiers directement ou indirectement. Au Canada, depuis trente ans, nous avons vu les banques se transformer en « groupe financier ». Ainsi, en plus de leurs activités de banque, elles peuvent maintenant faire de la fiducie, de l'assurance, du courtage et créer des sociétés d'investissement. Les groupes bancaires se mettent en position pour concurrencer les autres « investisseurs institutionnels » que sont *les sociétés d'assurance, les fonds de pension* et *les sociétés d'investissement* existants.

LA DOMINATION DU SECTEUR FINANCIER

C'est dans les années 1980 que les *investisseurs institutionnels* prennent leur expansion, ils deviennent dominants dans les années 1990, pour triompher au début des années 2000 en tant que principaux détenteurs d'avoirs financiers. Ils ne s'imposent pas uniquement par leur contribution considérable aux transactions sur les marchés de capitaux, mais surtout par l'influence qu'ils ont obtenue dans l'évolution de la gestion des fonds placés et des techniques de gestion du risque. L'objectif de liquidité trouve toute son importance dans la durée moyenne de la détention des actions qui, hier, se comptait hier en années, tandis qu'aujourd'hui, il se compte en mois, voir même en semaines.

Les dirigeants des entreprises font face à une nouvelle catégorie d'intervenants : les *gestionnaires de fonds*. Certes, les propriétaires d'actions sont encore très dispersés, mais le véritable contrôle a été remis entre les mains de ces gestionnaires qui dominent et influencent la gérance des affaires.

On peut alors parler d'une « financiarisation de l'entreprise » au sens où on redessine l'organisation interne pour qu'elle se plie aux contraintes de la rentabilité boursière. On assiste à une soumission de la produc-

tion aux principes de la liquidité financière : l'autono-
mie du capital comme immobilisation pourrait être
totalement réduite et subordonnée à la liquidité[1].

Notre schéma de tout à l'heure est inversé. Le secteur financier n'a plus un rôle de « service » auprès
des autres agents économiques. Il agit dans sa propre logique de croissance et de reproduction, centré
sur les prix des actifs financiers, obsédé par la liquidité pour éloigner les risques des marchés. Il vogue
sans refléter la réalité du secteur de la production.
Ce dernier est obligé de transférer de plus en plus
de richesse vers le secteur financier, la création de
richesse est ainsi confisquée. Les autorités monétaires
orientent leurs actions à court terme, pour répondre
aux vœux et aux aléas du secteur financier. Ainsi le
secteur financier domine le secteur de la production
et contraint les autorités à se mettre à son service dans
leurs politiques monétaires et financières.

La crise est là !
LES ÉVÈNEMENTS

La crise qui débuta en août 2007 est la dernière
d'une longue série de crises monétaires et financières
depuis la déréglementation du secteur financier commencée dans les années 1980. Après l'Asie, l'Amérique latine et l'Europe de l'Est, cette fois-ci c'est l'Europe de l'Ouest et les États-Unis, le centre de l'Em-
pire, qui sont touchés.

Au début des années 2000, les conditions du marché hypothécaire aux États-Unis (croissance continue

---

1. André Orléans, *Le pouvoir de la finance*, Paris, Odile Jacob,
1999, p. 216.

des prix et bas taux d'intérêt) encouragent emprunteurs et prêteurs à abandonner toute retenue. Les ménages états-uniens, même si leurs revenus stagnent depuis plusieurs années, voient la possibilité de gains à court terme. Ils peuvent acheter une maison au-dessus de leurs moyens et la revendre avec une bonne plus-value après trois ou quatre ans. Les prêteurs relâchent leur prudence habituelle, certains de récupérer leur mise grâce à un marché haussier. D'autant plus confiants qu'une partie de ces prêts sont titrisés.

Bientôt, le marché est moins favorable, la croissance des prix ralentit. Rapidement, les bilans des établissements financiers se retrouvent avec des crédits hypothécaires insolvables ou des actifs sans valeur. C'est la crise des *subprimes* qui touche des établissements financiers partout sur la planète. Après la faillite de Lehman Brothers, la panique se généralise. Le crédit va-t-il s'arrêter? Les gouvernements interviennent massivement pour renflouer certaines banques ou pour faciliter leur achat par d'autres établissements. Certaines sont même nationalisées. Les États s'endettent lourdement pour ne pas voir l'économie s'effondrer. Les rentrées fiscales ne vont pas ralentir la croissance des déficits publics puisque la politique libérale prône la baisse des impôts. L'austérité budgétaire va être le moyen de réduire les déficits. Lors de la « crise de la dette » à l'été 2011, aux États-Unis, l'attitude des républicains a parfaitement illustré cette position.

Les établissements financiers se rétablissent en quelques mois grâce à l'aide publique et à la remontée des bourses stimulées par des taux d'intérêt réels négatifs. Mais plusieurs gouvernements ne pourront tenir. L'Islande, l'Irlande et la Grèce sont les pays les plus touchés et perdent leur capacité d'emprunt à des taux d'intérêt raisonnables. L'Espagne, le Portugal et l'Italie sont aussi atteints. Même les États-Unis et la France perdent leur triple « A », ils sont abaissés par les agences de notation à « AA ». Mais pour ces derniers, il n'y a eu aucun impact sur leur crédit. Les spéculateurs sont allés trop loin dans ces deux derniers cas.

Ceux qui ont provoqué la crise s'en sortent assez bien : les profits ont retrouvé leurs sommets d'avant crise. Toutefois, en 2012, le secteur de la production et l'emploi stagnent toujours et ont peine à redémarrer.

Ce qu'il faut faire!

Malgré les promesses de messieurs Obama et Sarkozy ou de mesdames Merkel et Lagarde, peu de mesures ont été prises pour encadrer le secteur financier. Lors des rencontres du G20, on a eu beau dénoncer les paradis fiscaux, les agences de nota-tion, les fonds spéculatifs, la scandaleuse rémunéra-tion des cadres et leurs conduites douteuses, rien n'a vraiment touché les pratiques peu transparentes des établissements financiers à la source de la crise. Ce qui est assez normal. En effet, le modèle économique ultralibéral est toujours en vogue, il n'est pas oublié! Des milliers d'économistes y ont cru et l'ont imposé. Ont-ils viré capot? Se sont-ils transformés brusque-ment en défenseurs de l'intervention de l'État et en apôtres de la réglementation? Certainement pas!

Si le financement de l'économie est *un bien public*, il faut le mettre véritablement au service de l'économie et non au service de quelques-uns. Il faudrait en quelque sorte socialiser les établissements financiers. Concrètement, des mesures doivent être prises.

1. Il faut rétablir un principe fondamental : *la respon-sabilité des acteurs*. Que l'établissement financier *initiateur* d'un crédit en soit *responsable* jusqu'à son remboursement. Ce qui suppose d'éliminer ou de limiter la titrisation et de rendre les agences de notation indépendantes des établissements financiers.

2. Le secteur financier doit être re-cloisonné, pour limiter les conflits d'intérêts et la contamination entre les différentes activités financières.

3. Il faut limiter ou éliminer les transactions anony-mes ou cachées, les crédits à des fins spéculatives, les paradis fiscaux, la rémunération des cadres, leurs clauses de départ, leurs options et leurs pri-mes abusives.

4. Devant une finance mondialisée, instaurer une gouvernance mondiale. La notation des entre-prises et des États devrait relever d'un organisme public indépendant. Les marchés des changes et des capitaux à court terme trop spéculatifs doivent être mieux réglementés.

La stabilité financière est trop importante pour être laissée aux marchés sans règles.

ANALYSES SECTORIELLES

Vers une fiscalité d'usagers au Québec?

Pierre Beaulne

D ANS LE BUDGET D'AUSTÉRITÉ de mars 2010, le
ministre des Finances du Québec, Raymond
Bachand, a ouvert toutes grandes les vannes de la
tarification. L'objectif de rétablir rapidement l'équilibre budgétaire, à la suite de la récession de 2009,
fournissait l'occasion d'infléchir la fiscalité québécoise dans le sens d'un recours accru aux taxes à la
consommation et aux tarifs. Le financement des services publics se trouvera ainsi davantage arrimé au
comportement des ménages, en tant que consommateurs ou usagers des services. Cette réorientation, qui
s'opère dans le sillage des réductions de l'impôt des
particuliers consenties depuis le début de la décennie,
risque d'affaiblir davantage la progressivité et la capacité de redistribution du régime fiscal.

L'impôt sur le revenu des particuliers à la dérive
En fait, le budget pour 2010-2011 a accentué un
virage amorcé au tournant des années 1990. Un premier coup de barre visant à réduire le poids de l'impôt

sur le revenu des particuliers avait été donné lors du budget Landry de 1997-1998. Au nom de la compétitivité du régime d'imposition avec les juridictions voisines, ce budget annonçait des réductions de l'impôt sur le revenu des particuliers de 850 millions de dollars à compter de 1998. Dans cette révision, dont la valeur était estimée à 6 % des recettes, le nombre de paliers de la table d'imposition était ramené de cinq à trois. Les allègements étaient financés en grande partie par une hausse de la taxe de vente (TVQ), dont le taux passait de 6,5 à 7,5 %, le tout étant assorti d'une bonification du crédit d'impôt pour les personnes à plus faibles revenus.

Toutefois, le grand coup est venu avec les budgets Landry de 1999 et de 2000 et le budget Marois de 2001 qui accordaient des baisses d'impôt sur le revenu des particuliers atteignant cumulativement 3,5 milliards de dollars après trois ans. Cela représentait une réduction de 20 % sur les quelque 17,1 milliards de recettes générées par cet impôt en 2000.

Dans ce genre d'opération, il faut comprendre que l'estimation de la valeur de la réduction des impôts est quelque peu théorique, puisque dans la réalité les revenus continuent à croître et que le régime d'imposition écrème une partie de cette augmentation. L'effet net sur les finances de l'État est le résultat des réductions d'impôt, d'une part, et des incidences de la progression des revenus, d'autre part. Cela dit, on peut prendre la mesure de l'impact considérable des réductions d'impôts consenties dans ces budgets quand on observe que les revenus tirés de cet impôt se situaient à 18,1 milliards de dollars en 2007, comparativement à 17,1 milliards en 2000.

En sept ans, les revenus tirés de l'impôt sur le revenu des particuliers ont progressé d'à peine 6 %, alors que le PIB progressait de 27,7 %. C'est tout un freinage.

Plus récemment, un autre coup de frein a été donné avec le budget Jérôme-Forget de mai 2007. Dans un geste d'un opportunisme rarement vu, le gouvernement Charest a utilisé quelque 700 millions de dollars transférés par le gouvernement fédéral à l'occasion du règlement du dossier du déséquilibre fiscal pour accorder des baisses d'impôt sur le revenu des particuliers au début de 2008. Ces réductions d'impôt, évaluées à 950 millions de dollars, correspondaient à 5,2 % des recettes.

En raison de ces changements, mais aussi de l'abolition graduelle de la taxe sur le capital touchant les entreprises, les revenus autonomes du gouvernement, qui représentaient environ 17 % du PIB au milieu des années 1990, sont tombés à 15,5 % du PIB au début des années 2000, puis à 15 % à compter de 2008, soit l'équivalent d'une perte annuelle de revenus de six milliards de dollars. À lui seul, l'impôt sur le revenu des particuliers du Québec a glissé de 7,6 % du PIB en 2000 à 6,6 % en 2010, ce qui représente un manque à gagner de trois milliards de dollars.

Cet affaissement des recettes s'est rapidement fait sentir sur les comptes du gouvernement. En 2008, l'existence de réserves a permis d'entretenir l'illusion du maintien de l'équilibre budgétaire. Mais sans ces artifices, il y aurait eu un déficit d'un milliard.

Aux prises avec la récession économique, le gouvernement avait prévu un déficit de 3,9 milliards de dollars en 2009 lors de la présentation du budget. Ce chiffre a par la suite été porté à 4,7 milliards dans la mise à jour de l'automne 2009, puis ramené à 4,3 milliards dans le budget de 2010. Mais en définitive, le déficit de 2009 s'est établi à 3,2 milliards, soit l'équivalent de 1 % du PIB. En effet, l'économie québécoise a résisté beaucoup mieux que prévu à la récession, notamment en raison des importants travaux de réfection des infrastructures lancés très opportunément en 2007 à la suite de l'effondrement du viaduc de la Concorde en banlieue de Montréal. Quant au budget de mars 2010, il prévoyait un déficit de 4,5 milliards de dollars, chiffre révisé à 4,6 milliards l'automne suivant. Cependant, les chiffres plus définitifs publiés à l'automne 2011 établissent le déficit de 2010 à 3,1 milliards, tout comme l'année précédente. Dans les deux cas, le déficit a été surestimé de 1,5 milliard de dollars. Duplicité ou prudence excessive ? La question se pose. Il faut se rappeler qu'à cette époque, le personnel du secteur public étaient en pleine négociation pour le renouvellement des conventions collectives.

Dans le budget pour 2009-2010, le gouvernement estimait lui-même à 2,5 milliards de dollars le manque à gagner annuel découlant des baisses d'impôts aux sociétés et aux particuliers consentis dans les budgets antérieurs à 2008[1]. C'est dire que sans ces baisses d'impôts, l'impact de la récession sur les finances du gouvernement aurait été minime.

Un feu d'artifice de taxes et de tarifs

Pour compenser ces pertes, et en même temps rétablir l'équilibre budgétaire, le gouvernement a intensifié

---

1. Finances Québec, *Budget 2009-2010, Plan budgétaire*, Section C, Tableau C.8

d'autres formes de prélèvements. Le budget de 2009 contenait l'esquisse du plan de retour à l'équilibre budgétaire, visant à le rétablir en 2013-2014 grâce à un ensemble de compressions de dépenses et de mesures affectant les revenus. Ce plan accentuait le virage vers les taxes à la consommation et la tarification en annonçant pour 2011 l'indexation et la révision de tous les tarifs, sauf ceux des garderies, ainsi que le relèvement de la taxe de vente de 7,5 à 8,5 %. Le ton était donné.

Dans le budget de 2010-2011, le gouvernement déployait son plan de retour à l'équilibre budgétaire en comprimant davantage les dépenses et en multipliant les mesures axées sur les tarifs et les taxes à la consommation.

Pour mémoire, le budget de 2010-2011 annonçait les mesures de revenus suivantes :

• Introduction d'un prélèvement d'un montant annuel uniforme de 200 dollars par contribuable pour le financement de la santé, sauf pour les plus démunis (945 millions) ;
• possibilité d'appliquer des frais modérateurs dans la santé, comme la facturation de 25 dollars par visite médicale, une idée finalement écartée face au tollé de protestations (500 millions) ;
• hausse additionnelle de la taxe de vente qui passe de 8,5 à 9,5 % le 1er janvier 2012 (1 550 millions). Hausse temporaire de la taxe compensatoire relative à la TVQ pour les institutions financières (124 millions). Introduction du Crédit d'impôt pour la solidarité, regroupant et bonifiant les crédits d'impôt pour taxes de vente et impôts

fonciers (-260 millions). Le gouvernement du Québec récupère ainsi le champ fiscal abandonné par le gouvernement fédéral, qui a réduit depuis 2006 sa taxe sur les produits et services (TPS) de 7,0 à 5,0 % ;

- hausse de la taxe sur les carburants (15,2 cents) d'un cent par an pendant quatre ans, et hausse additionnelle de 1,5 cent pour Montréal et Québec, soit une majoration atteignant 36 % (480 millions) ;

- indexation annuelle et révision de tous les tarifs, sauf ceux des garderies à contribution réduite (195 millions) ;

- hausse additionnelle des droits de scolarité à compter de 2012, dont l'ampleur, précisée à l'automne 2011, atteindra 325 dollars par an pendant cinq ans, soit une majoration de 75 %. (265 millions) ;

- majoration des tarifs d'électricité sur le bloc patrimonial de 3,7 % par an pendant cinq ans, soit 20 % au total, à compter de 2014, en sus des augmentations habituelles, afin d'alimenter le Fonds des générations destiné à atténuer la croissance de la dette (1 600 millions).

Dans cette liste, on pourra noter que les impôts sur le revenu des particuliers comme ceux des entreprises brillent par leur absence, à une exception près, la fameuse contribution santé. Au lieu de générer 945 millions pour financer la santé par une majoration de l'impôt sur le revenu, ce qui permettrait de répartir les charges en fonction des revenus, le gouvernement prélèvera le même montant auprès de chaque adulte, faisant supporter par les personnes à plus faible revenu une charge proportionnellement plus lourde. La mesure prise est l'équivalent d'une réduction de 1 000 dollars de la déduction personnelle de base, donnant droit à un crédit d'impôt de 200 dollars. Selon nos calculs, cette mesure a pour effet d'alourdir de 1,3 % l'impôt à payer pour une personne gagnant 15 000 dollars, mais de seulement 0,2 % l'impôt de celle gagnant 100 000 dollars. C'est la définition même d'une mesure régressive.

Dans ces projets, les autres mesures concernent les taxes à la consommation ou la tarification. À l'évidence, le gouvernement entend substituer ces formes de prélèvements aux impôts sur le revenu. Cela ramène à l'avant-scène toute la question de la tarification.

Tarification : quelle ampleur ?

Avant tout, il convient de brosser un tableau de l'ampleur de la tarification et de ses manifestations. Nous nous limitons ici au gouvernement du Québec, étant entendu que le gouvernement fédéral et les municipalités ont aussi recours à la tarification. Les données présentées ci-dessous proviennent essentiellement du Plan budgétaire accompagnant le budget de 2010-2011[1].

Pour 2008-2009, le gouvernement estime à 23,3 milliards de dollars les revenus tirés de la tarification, si on englobe quelque 10,5 milliards provenant des ventes d'électricité. Sur les 12,8 milliards restants, 70,9 % proviennent d'une dizaine de sources. (Tableau 1)

---

1. Finances Québec, *Plan budgétaire, 2010-2011*, Section H.

Les revenus tirés de la tarification ont augmenté au cours des dernières années, passant de 19,4 milliards en 2005 à 23,3 milliards de dollars en 2008. Mais si on exclut les revenus du Fonds vert (273 millions) et ceux du régime d'assurance parentale (1 344 millions) qui n'existaient pas en 2005, la progression des recettes au cours de ces années est, dans l'ensemble, compatible avec la progression du PIB, soit 11,9 %.

Tableau I

Revenus de tarification au Québec

	Revenus de tarification		
	2005	2008	Variation
Ministères	1 224	1 128	-7,8%
Organismes et Fonds spéciaux	1 385	1 914	38,2%
dont: Fonds vert		273	
dont: Services de police SQ aux municipalités		243	
dont: Permis de conduire et immatriculations		878	
Réseau de la santé/services sociaux	1 284	1 382	7,6%
dont: Contribution des adultes hébergés		779	
Réseau de l'éducation	1 784	1 915	7,3%
dont: Droits de scolarité universitaires		486	
dont: Services de garde		244	
Services de garde à 7$	305	344	12,8%
Assurance parentale		1 344	
Assurance médicaments	1 227	1 457	18,7%
Commission Santé et sécurité au travail (CSST)	2 276	2 277	0,0%
Société assurance automobile (SAAQ)	685	808	18,0%
Assurance stabilisation des revenus agricoles	130	256	96,9%
Autres assurances	20	27	35,0%
Électricité	9 121	10 445	14,5%
Total	**19 441**	**23 297**	**19,8%**

Source : Compilation à partir du *Plan budgétaire 2010-2011*, Section H

Certains services publics, comme les indemnités du Régime de l'assurance automobile, les indemnités versées par la Commission de la santé et de la sécurité au Travail (CSST) et la production d'électricité par Hydro-Québec doivent s'autofinancer entièrement, si bien qu'aucune dépense est consacrée par le gouvernement à leur financement.

Pour l'ensemble des autres services, les revenus de tarification représentaient 11,7 % de leur coût total en 2008, soit 8,1 milliards sur 69,6 milliards de dollars. Selon l'analyse présentée au Plan budgétaire 2010-2011, la portion des coûts des programmes financée par la tarification se serait quelque peu érodée de 2005 à 2008 dans tous les secteurs sauf les Organismes et Fonds spéciaux.

Tableau II
Proportion des coûts financés par la tarification

	2005	2008
Organismes/Fonds spéciaux	46,6 %	50,0 %
Assurances	39,3 %	37,5 %
Services de garde	17,0 %	15,9 %
Réseau de l'éducation	11,7 %	10,9 %
Ministères	8,7 %	7,2 %
Réseau de la santé/services sociaux	5,9 %	5,3 %
Ensemble des services	12,5 %	11,7 %

Source: Plan budgétaire 2010-2011, Section H.13

Dans les commissions scolaires, les revenus de tarification comptent pour 6,3 % du financement des activités en 2008. Ils représentent 10,6 % des coûts à l'enseignement collégial et 20 % pour l'éducation universitaire. Les droits de scolarité comptent pour 12,5 % du financement des universités. Mais tout cela est en train de changer rapidement à la suite des budgets de 2009 et de 2010.

Le cas des tarifs d'électricité mérite d'être souligné. À compter de 2014, le gouvernement augmentera les tarifs de 3,7 % par an sur le bloc patrimonial, c'est-à-dire sur la capacité installée depuis longtemps

et largement amortie, afin de prélever 1 600 millions
de dollars qui seront consacrés au Fonds des générations pour limiter la croissance de la dette publique. Il faut rappeler que dans le budget de 2007, le
gouvernement s'était engagé à consacrer 400 millions
par an à ce Fonds à même les exportations d'électricité. Manifestement, par rapport à des perspectives
plus que douteuses de ce côté, cet engagement s'est
évanoui au profit d'une ponction additionnelle sur la
population québécoise, qui pèsera plus lourdement
sur les ménages moins fortunés.

Impôts contre tarifs : quelques repères

L'État peut financer ses activités de diverses façons :
les impôts et taxes, la vente de biens et services, c'est-
à-dire la tarification, l'emprunt, l'émission de monnaie, les transferts provenant d'autres gouvernements,
les revenus de placements.

Les impôts et taxes constituent la méthode la plus
commune pour financer les activités du gouvernement. Les services sont fournis à la collectivité sans
frais, moyennant des contributions obligatoires en
fonction de certains critères.

Les impôts peuvent être directs, comme l'impôt sur
le revenu, ou indirects, comme ceux qui s'appliquent
aux produits, dans la mesure où le montant de l'impôt
à payer est répercuté sur le consommateur. L'usage au
Québec veut qu'on parle d'impôts pour désigner les
prélèvements directs et de taxes pour désigner les prélèvements indirects. En anglais, de telles distinctions
sémantiques n'existent pas. Le vocable de « *tax* » s'applique à tous les types de prélèvements obligatoires,
qu'il s'agisse de « *income tax* » ou de « *sales tax* ».

L'incidence sociale des impôts et taxes diffère selon leur nature. L'impôt sur le revenu des particuliers peut être modulé selon des pourcentages croissants à mesure que le revenu s'élève. On parlera dans ce cas d'un impôt progressif. En revanche, les taxes ont un caractère régressif, dans la mesure où le montant exigé représente une proportion plus importante des revenus des personnes moins fortunées. À la suite des derniers budgets, il est clair qu'en substituant à l'impôt sur le revenu une variété de taxes à la consommation, la progressivité du régime fiscal québécois s'en trouve affaiblie.

Les tarifs désignent les prix, ou la grille des prix, de produits ou services fournis par l'entreprise privée ou l'État. La tarification, par définition, n'est rien d'autre que la vente de biens et services. Jusqu'à un certain point, les gouvernements peuvent vendre des biens et services et ainsi financer la production de ceux-ci de la même manière que l'entreprise privée. Les services postaux, l'électricité, les transports en commun sont financés en partie ou en totalité grâce à des frais exigés aux usagers. Mais dans la plupart des cas, les services sont de nature telle que cette orientation est considérée comme contraire aux principes d'équité.

La doctrine conventionnelle en matière de finances publiques considère qu'il est légitime que l'État puisse avoir recours à la tarification lorsqu'il est possible d'attribuer à des individus ou à des entreprises une partie au moins des bénéfices découlant de l'activité[1]. Cela ne serait pas le cas, par exemple, en ce

---

1. John F. Due, *Government Finance*, Homewood, Richard D. Irwin Inc., 1963, p. 389-409.

qui concerne l'éclairage public des rues ou la défense
nationale, dont tous bénéficient sans distinction. Par-
tant de là, plusieurs figures peuvent se présenter.

Il y a des bénéfices découlant de la réglementation
de certaines activités qui ne peuvent être pratiquées
sans le consentement social. Quand la permission est
accordée, les individus concernés en profitent directement, par exemple le droit de pêcher ou de faire circu-
ler un véhicule, ou encore, dans le cas des commerces,
les permis de vente d'alcool. D'autres cas impliquent
des façons différentes de faire, comme l'enregistrement
de titres, les certificats de mariage, qui touchent des
fonctions assumées par l'État. Des redevances peuvent
aussi être exigées des entreprises pour l'utilisation de
l'eau, l'exploitation minière ou d'autres ressources non
renouvelables, ou encore pour compenser les frais de
nettoyage découlant d'activités polluantes. Toute la fiscalité verte penche lourdement dans ce sens. Dans bien
des cas, la tarification vise à empêcher le gaspillage, à
limiter ou même à décourager l'activité.

Mais tout cela a des limites. Un tarif, comme nous
l'avons dit, est le prix d'un service. C'est un mécanisme de marché et, en tant que tel, il fonctionne
de la même manière, en servant à réguler l'allocation
de ressources. Dans un grand nombre d'activités prises en charge par l'État, toutefois, des considérations
d'équité ou de bien-être collectif priment, si bien que
le tarif n'est pas l'instrument approprié par ce qu'il
entraîne des conséquences indésirables.

La tarification devient moins évidente quand les
bénéfices rejaillissent non seulement sur les individus, mais aussi sur toute la société. C'est le cas de
certains services qui peuvent être fournis par le privé,

mais que l'État prend en charge depuis longtemps, en raison des bénéfices élevés pour la collectivité, en plus des bénéfices pour les individus. On parlera alors d'externalités. L'éducation et les routes en sont des exemples classiques. Dans certaines circonstances, les usagers n'ont vraiment pas le choix d'utiliser le service, parce que les bénéfices indirects à la communauté sont tels que toutes les personnes doivent y avoir recours. C'est le cas notamment de l'éducation, des services d'égouts et de collecte d'ordures. Dans ces cas, la taxation est l'avenue à privilégier.

Si les bénéfices sont relativement homogènes, il n'y a pas de raison d'appliquer des tarifs. En revanche, si le bénéfice revient à un petit groupe qui peut plus facilement payer, un tarif se défend mieux. Même là, si l'utilisation du service est largement indépendante du revenu, la distribution de fardeau occasionnée par le recours à un tarif sera régressive. La taxation est préférable. Si le tarif réduit l'utilisation du service par les ménages à plus faible revenu, l'allocation des ressources peut être jugée indésirable par la communauté.

La question centrale est la suivante : est-il plus équitable de faire payer toutes les personnes pour le service qu'elles reçoivent, ou est-il préférable, en matière de modèle de répartition des revenus socialement désiré, de fournir ces services gratuitement et de les financer par la taxation ? La réponse dépend, en partie, de la nature du service et des formes de redistribution.

Il y a plus d'avantage à recourir aux tarifs si :

• Un gaspillage considérable découle de la fourniture gratuite ;

- les bénéfices sont davantage individuels que sociaux;
- la méthode n'entraîne pas de fardeau pour les individus, ce qui va à l'encontre des principes d'équité établis;
- À l'inverse, la fourniture gratuite de services et leur financement par le régime d'imposition est préférable si :
  - Les services sont de nature telle qu'il y aura peu de gaspillage s'ils sont offerts sans frais;
  - les bénéfices reviennent en partie à la collectivité, si bien que la tarification résultera en une restriction inutile de l'usage des services;
  - la structure de distribution du fardeau qui découlerait de l'application de frais serait considérée comme inéquitable.

L'enjeu actuel

Ces repères étant posés, il faut aussi situer la question dans le contexte historique présent. Le glissement vers un recours accru à la tarification s'inscrit dans la mouvance néolibérale dominante qui préconise l'assujettissement des pratiques de l'État aux lois du marché, quand ce n'est pas la privatisation tout court de ses activités. La négociation en cours d'un traité de libre-échange entre le Canada et l'Union européenne, qui pourrait englober l'accès aux appels d'offres des provinces et des municipalités, risque d'ouvrir davantage les marchés publics à l'empiètement des multinationales. La tarification servirait alors à nourrir et amplifier les privatisations de services publics.

L'accroissement des écarts de revenus qui résulte de la mondialisation néolibérale, le développement des inégalités, constitue un phénomène préoccupant et contraire aux souhaits de la majorité. Une étude récente de l'Organisation de coopération et de développement économiques (OCDE) est d'ailleurs venue documenter l'accélération du processus au Canada[1]. Dans la mesure où le régime de transferts, le régime d'imposition et les services publics jouent un rôle majeur pour contrer les tendances spontanées du marché à accroître les inégalités de distribution des revenus, il faut œuvrer à préserver et renforcer ces outils. L'efficacité économique, tout comme la justice sociale, n'en sera que mieux servie.

---

1. OECD, *Divided we stand: Why inequality keeps rising,* décembre 2011, <http://www.oecd.org/dataoecd/50/52/49 177689.pdf >.

Les dettes souveraines
et la domination des marchés financiers

Louis Gill

L A DETTE souveraine est la dette publique d'un pays. D'où vient cet endettement? « D'un excès de consommation de services publics par une population vivant au-dessus de ses moyens », nous répètent à satiété les gouvernements, leurs « experts » et les nantis de la société. Pour eux, les déficits publics ne sauraient d'aucune manière provenir d'une insuffisance de revenus. Pourtant, la complaisance des États envers l'évasion fiscale et les réductions d'impôt accordées aux entreprises et aux plus riches en sont les causes premières. Sans parler du coût du sauvetage des banques, de l'ampleur des budgets militaires et de l'abaissement des notes de crédit par les agences de notation qui augmente les frais d'intérêt sur les dettes. Responsables de la crise financière et des mesures d'austérité imposées aux populations, banquiers et financiers bénéficient quant à eux d'une totale impunité et d'une richesse croissante.

Selon les définitions utilisées par les organismes internationaux, comme l'Organisation de coopération et de développement économique (OCDE) et le Fonds monétaire international (FMI), la dette souveraine d'un pays comprend les engagements financiers de l'ensemble des administrations publiques : gouvernement central, gouvernements de paliers inférieurs, comme ceux des provinces, des territoires et des municipalités, ainsi que des administrations qui dépendent de ces gouvernements pour ce qui est de leur financement et dont ils garantissent la dette. Elle exclut la dette des entreprises des gouvernements comme Hydro-Québec, ainsi que les engagements envers les régimes de retraite. En soustrayant de la dette brute ainsi définie les actifs financiers détenus par les gouvernements, on obtient la dette nette. On établit le poids relatif d'une dette en la mettant en proportion avec la taille de l'économie, mesurée par le Produit intérieur brut (PIB).

Les dettes souveraines des pays avancés ont considérablement augmenté au cours des trois dernières décennies, passant de 40 % du PIB en 1980 pour ce qui est des 22 pays alors membres de l'OCDE, à 72 % du PIB en 2000. Elles atteignaient en moyenne 103 % du PIB en 2011 pour les 30 pays les plus industrialisés, selon le FMI qui prévoyait alors que ce pourcentage passerait à 109 % en 2015. Beaucoup moins élevée était au même moment la dette de 29 pays émergents, dont le rapport au PIB était de 38 % en 2011 et dont il était prévu qu'il diminuerait à 32 % en 2015[1].

---

1. OCDE, *Perspectives économiques*, divers numéros, et FMI, *Fiscal Monitor*, septembre 2011.

Cet endettement provient du cumul des déficits annuels, c'est-à-dire du cumul des excédents des dépenses sur les revenus. Ces dépenses sont de deux ordres : les dépenses courantes et les dépenses d'immobilisations. À leur tour, les dépenses courantes comprennent les dépenses de financement de l'administration publique et des services publics, désignées comme les dépenses d'opérations ou dépenses de programmes, et les frais d'intérêt sur la dette, désignés comme le service de la dette. On distingue la « bonne dette », contractée pour acquérir des immobilisations, de la « mauvaise dette », incorrectement présentée comme le résultat d'excès de dépenses courantes de consommation de services publics par une société vivant au-dessus de ses moyens.

En cas de dépenses d'opérations et d'investissement supérieures à ses revenus, l'État encourt un déficit, désigné comme le déficit primaire. Dans le cas contraire, il réalise un surplus primaire. L'ampleur du solde primaire a une importance primordiale lorsque l'État a une dette et qu'il doit payer des intérêts sur cette dette. Il ne suffit pas alors qu'il dispose des revenus nécessaires au financement de ses dépenses ; il faut en plus que ces revenus permettent de payer les intérêts sur la dette.

Si l'État a un solde primaire supérieur aux frais d'intérêt, son budget global est excédentaire. Il peut réduire sa dette ou, au moins, l'empêcher de croître. Mais si son solde primaire est insuffisant pour couvrir les frais d'intérêt, la portion de ces frais qui ne peut être payée vient s'ajouter à la dette : l'État doit emprunter davantage pour la seule fin de payer une fraction ou la totalité des intérêts de l'année courante sur la dette, ce qui augmentera d'autant la dette et les intérêts des années suivantes. On parle alors d'un effet « boule de neige ». Et, même si l'État est engagé dans un effort de réduction, voire d'élimination de son déficit primaire, le poids devenu prohibitif des frais d'intérêt d'une dette qui continue à augmenter à cause de l'incapacité d'en payer les intérêts confine à l'impasse en raison d'un déficit global qui ne cesse d'augmenter.

Aux mains des spéculateurs

Il va sans dire que la situation est d'autant plus grave que les taux d'intérêt sur la dette sont élevés. Et ceux-ci augmentent effectivement à mesure que la situation se détériore. Chaque dégradation de la situation entraîne un abaissement, par les agences de notation, de la note de crédit des pays qui sont engagés dans cette spirale, ce qui a pour effet immédiat de faire grimper les taux d'intérêt exigés par les créanciers et de détériorer encore davantage la situation, bloquant toute voie de sortie. Voyant l'ampleur de la dette augmenter, les organismes internationaux, qui orchestrent les plans de sauvetage, exigent encore davantage de mesures d'austérité, c'est-à-dire de réductions des dépenses et de hausses de la tarification et des taxes à la consommation, sous prétexte de freiner la croissance d'une dette dont la source auto-entretenue est en grande partie ailleurs, dans la hausse des frais d'intérêt. Ce faisant, ils précipitent dans la récession les économies ainsi frappées, ce qui a pour effet de diminuer les revenus de l'État et d'augmenter ses dépenses de soutien, aggravant ainsi le déficit primaire. La médecine administrée tue le malade au lieu de le remettre sur pied. C'est dans une telle spirale infernale que la Grèce, par exemple, a été acculée au défaut de paiement de sa dette à la fin de 2011, et que ses banques créancières ont donné un accord de principe à la radiation de 50 % de la dette qu'elles détenaient.

Les spéculateurs poussent à sa limite ce scénario d'apocalypse en utilisant tous les moyens qui leur sont offerts pour accroître leurs profits. Ils le font en particulier par le mécanisme de la vente à découvert, qui consiste à emprunter des titres de dette pour les vendre, en escomptant que leur prix va baisser et qu'ils pourront les racheter avec profit. En vendant massivement des titres de dette empruntés, ils contribuent par le fait même à cette chute de prix dont ils récoltent les bénéfices.

Les spéculateurs utilisent aussi l'instrument des titres de garantie contre la défaillance[1] des dettes, qu'ils peuvent acquérir même s'ils ne détiennent pas les titres assurés, en souhaitant qu'il y ait effectivement défaillance pour ainsi toucher l'indemnisation prévue par la garantie. C'est un peu comme si on achetait une police d'assurance sur la maison du voisin en espérant qu'elle passe au feu. Et pourquoi pas y mettre le feu soi-même ? C'est exactement ce que font *de facto* les spéculateurs en spéculant sur ces titres de garantie contre la défaillance. Plus on en acquiert, plus leur prix augmente et, en conséquence, plus le placement que l'on veut garantir apparaît comme risqué. Plus, en conséquence, les taux d'intérêt exigés par les créanciers s'élèvent avec les effets en chaîne qui viennent d'être mentionnés.

---

1.   En anglais, *credit default swaps*.

Le sort des pays endettés se trouve en quelque sorte entre les mains des investisseurs de placements financiers et des spéculateurs qui interviennent sur les marchés financiers où ils pillent États et peuples considérés comme les responsables d'excès qui seraient à l'origine de la crise de la dette. Et cela est le résultat de politiques économiques délibérées, entrées en vigueur de manière généralisée à travers le monde à partir des années 1980. Ces politiques ont eu pour effet de fermer aux banques centrales le financement des États pour l'offrir en exclusivité aux marchés financiers, sous prétexte de leur capacité d'imposer une discipline financière aux emprunteurs. Cette situation a atteint son paroxysme en Europe où la Banque centrale européenne (BCE) prête à de très faibles taux d'intérêt aux banques privées qui prêtent ensuite aux États à des taux très élevés, alors que les États ne peuvent emprunter directement de la Banque centrale en raison des dispositions statutaires de l'Union européenne qui l'interdisent.

La transmutation de la crise de la dette privée, déclenchée en 2007-2008, en crise de la dette publique et en crise sociale des peuples à partir de 2010 a soulevé la question de l'insolvabilité de certains pays, c'est-à-dire de leur incapacité de rembourser une dette devenue hors contrôle. Tant au Portugal qu'en Irlande et en Grèce, la perspective de la restructuration de cette dette, c'est-à-dire du rééchelonnement de son remboursement sur une période plus longue et à un taux d'intérêt réduit, ainsi que de son éventuelle radiation partielle, a d'abord été considérée à contrecœur comme un moindre mal par les financiers et les dirigeants politiques, avant de devenir une réalité avec l'adoption en octobre 2011 d'un « plan de sauvetage de la Grèce », dont l'un des volets est la radiation de 50 % de la dette grecque détenue par les banques privées, moyennant l'accord de ces dernières. Cette mesure a immédiatement nourri les expectatives de telles radiations des dettes italienne et espagnole et d'une propagation plus large de la contagion, et propulsé à la hausse les taux d'intérêt exigés par les créanciers, alimentant par le fait même les tendances aux défaillances.

Des dettes illégitimes

La question de fond qui se pose à la lumière de ces développements est celle de l'illégitimité de dettes publiques dont on veut faire payer la note aux populations, alors que, tel que mentionné au départ, elles sont le résultat de la spéculation, de la hausse des frais d'intérêt provoquée par l'abaissement des notes de crédit par les agences de notation, du coût du sauvetage des banques et des entreprises, de l'ampleur des budgets militaires, de la complaisance des États envers l'évasion fiscale et les réductions d'impôt accordées aux entreprises et aux nantis de la société, ceux-là mêmes dont l'épargne qu'ils en récoltent est offerte aux États en prêts bien rémunérés. Les détenteurs de titres de la dette publique sont gagnants sur les deux tableaux : bénéficiaires d'une fiscalité favorable, l'État se tourne vers eux pour solliciter, sous forme de prêts dont le rendement est garanti, les sommes dont ils sont exonérés en impôts et taxes. Il y a là une injustice évidente qui ne peut manquer d'amener les populations à s'interroger sur la légitimité des dettes qui les étouffent et à douter de l'opportunité d'en assumer le fardeau. Elle s'est manifestée en Islande par le double refus de la population par voie référendaire (en mars 2010 et avril 2011) de payer pour l'indemnisation des déposants de la banque internet faillie *Icesave*, face à laquelle elle ne se reconnaît aucune responsabilité.

Pris en otage par la finance, écrit l'économiste Frédéric Lordon, les États ne sont pas pour autant dénués de moyens de riposte. Ils ont notamment le pouvoir de déclarer souverainement le défaut sur leur dette publique, ce qui permettrait « de soulager aussitôt les populations de la contrainte d'austérité et de récupérer des marges pour des politiques de croissance[1] ».

L'Argentine a emprunté cette voie en 2001. Elle a alors soumis à ses créanciers une offre de règlement, à prendre ou à laisser, de 35 cents pour chaque dollar d'une dette qui s'élevait à 81 milliards de dollars. Considérant qu'il valait mieux accepter un remboursement partiel que de tout perdre, près des trois quarts des créanciers s'étaient résignés à accepter un échange de dettes selon ces termes en 2005. En 2010, leur pourcentage s'élevait à 93 %. Libérée de cette dette et ayant résisté à des centaines de poursuites devant les tribunaux, l'Argentine a connu une solide croissance au cours de la décennie suivante, bénéficiant d'une forte demande de ses exportations de matières premières et de ses produits agricoles.

Il va de soi que la décision de répudier la dette publique et d'infliger ainsi une perte aux créanciers

---

1. Frédéric Lordon, « Ne pas détruire les banques : les saisir ! », « La pompe à phynance », *Le Monde diplomatique*, 2 décembre 2010, p. 7.

aura pour conséquence la fermeture immédiate des marchés financiers à tout nouvel emprunt. Mais, pour des pays qui en sont déjà exclus par des taux d'intérêt prohibitifs, comme les 30 % sur les obligations grecques de dix ans atteints à la fin de 2011, cela ne change pas grand-chose. Toujours motivés par l'appât du gain, les créanciers ne renoncent d'ailleurs pas définitivement à prêter aux pays qui ont fait défaut, mais qui sont redevenus solvables grâce à une croissance renouvelée et des finances publiques restaurées. C'est ainsi que l'Argentine a pu avoir de nouveau accès aux marchés financiers en dépit du défaut de 2001.

Le caractère illégitime des dettes publiques saute aux yeux pour de nombreux pays. La dette extérieure de l'Argentine en particulier a presque quintuplé en sept ans sous la dictature militaire du général Jorge Videla de 1976 à 1983 en raison d'une dilapidation des fonds publics par la junte au pouvoir et de la hausse draconienne des taux d'intérêt au début des années 1980, ainsi que d'une évasion fiscale massive accompagnée d'une fuite des capitaux vers l'étranger. Il en est de même de la dette contractée en Grèce par le régime des colonels de 1967 à 1974 et de celle qui a découlé de la multiplication par dix du coût initialement prévu des Jeux olympiques de 2004 par les manipulations spéculatives, sans parler de celle de l'Irlande qui a connu une hausse vertigineuse après 2008 pour le seul renflouement par l'État, aux frais des contribuables, des banques privées qui s'étaient effondrées par suite de leurs opérations spéculatives.

La question de la répudiation de dettes dont le fardeau est devenu insupportable et dont le caractère illégitime se révèle de manière de plus en plus claire,

est désormais à l'ordre du jour. La proposition de
répudiation est généralement assortie, par ses prota-
gonistes[1], de la proposition d'une démarche préalable
de vérification comptable démocratique citoyenne de
la dette, ayant pour objectif d'identifier ses origines et
les détenteurs de ses titres[2].

À la source de la dette du Québec : les frais d'intérêt

Ces illustrations de dettes publiques illégitimes,
qui semblent à première vue n'être que des références
bien étrangères à notre propre situation, sont pourtant
loin d'être sans lien avec elle. Il faut noter en particulier qu'au Québec, de 1971 à 1997, le solde primaire
cumulé (revenus diminués des dépenses d'opérations
et d'immobilisations[3]) a été un surplus de cinq milliards de dollars. Mais, à cause d'un service de la dette
cumulé de 71 milliards de dollars au cours de la même
période, le solde budgétaire cumulé du gouvernement
a été un déficit de 66 milliards de dollars, grossissant
sa dette d'autant, dont le rapport au PIB est passé de
11 % en 1971 à 43 % en 1997[4].

---

1. En particulier François Chesnais, *Les dettes illégitimes*, Paris,
   Raisons d'agir, 2011, et le Comité pour l'annulation de la
   dette du tiers-monde (CADTM), < http://www.cadtm.org >.
2. Les Français préfèrent utiliser le terme anglais francisé
   « audit » en lieu et place du terme « vérification » qui, non
   seulement est français, mais a le sens de « mettre la vérité en
   évidence ».
3. Avant 1997, les dépenses d'immobilisations d'une année
   étaient entièrement comptabilisées dans les dépenses courantes. Depuis 1997, seul leur amortissement annuel est
   comptabilisé dans les dépenses courantes.
4. Ministère des Finances du Québec, *Discours sur le budget
   1997-1998*, Annexe B.

Comme les dépenses d'immobilisations ont été de 32 milliards au cours de cette période, l'accroissement de la dette de 66 milliards se décompose en une « bonne dette » de 32 milliards et une « mauvaise dette » de 34 milliards. Cette « mauvaise dette » résulte en fait d'un « bon surplus » d'opérations (revenus moins dépenses d'opérations) de 37 milliards, qui se transforme en un déficit de 34 milliards par l'ajout d'un service de la dette de 71 milliards (37-71= -34)[1].

En d'autres termes, la dette a augmenté, non pas parce que la société aurait vécu au-dessus de ses moyens comme le proclament sans cesse le gouvernement et ses « experts », mais à cause de frais d'intérêt nettement supérieurs à un solde primaire excédentaire. Et l'importance de ces frais d'intérêt s'explique avant tout par des taux d'intérêt très élevés, qui ont oscillé entre 7 % et 12 % tout au long de cette période. Après l'adoption de la loi de 1996 interdisant les déficits des opérations courantes, les surplus des revenus sur les dépenses d'opérations ont compensé le service de la dette, de sorte que l'augmentation de la dette a été essentiellement le résultat de dépenses d'immobilisations, jusqu'au retour, en 2009-2010, des déficits des opérations courantes provoqués par la crise financière.

Les dettes publiques : nourricières des marchés financiers

Si on considère le capitalisme globalement, il serait réducteur de ne voir la dette publique que comme

---

1. *Ibid.*

un boulet attaché aux pieds de l'économie. Favorisée par les politiques néolibérales de sous-imposition des revenus élevés et du capital ainsi que du recours accru à l'emprunt, sa croissance à travers le monde a puissamment contribué au développement des marchés financiers, dans un contexte où la déréglementation et le décloisonnement ont été à l'origine d'une mondialisation dominée par la finance. Les grands organismes centralisateurs d'épargne, comme les caisses de retraite, les fonds communs de placement, les « investisseurs institutionnels » et les gestionnaires de portefeuilles, ont été et demeurent les premiers bénéficiaires d'un flux constant de titres de la dette publique issus des besoins financiers des États, dans une remarquable symbiose et une singulière convergence d'intérêts. Les États sont pour le capital financier des clients de choix, toujours endettés et, jusqu'à récemment, toujours solvables.

Si les grands détenteurs de titres de dette publique sont les établissements financiers, les petits épargnants individuels en détiennent aussi, directement ou par l'intermédiaire de fonds d'investissement et de caisses de retraite. Il va sans dire que l'éventuelle répudiation, en tout ou en partie, de la dette publique ne doit pas avoir pour effet d'anéantir leurs épargnes accumulées en vue de la retraite, dans des pays comme le nôtre où les régimes de retraite demeurent essentiellement des régimes capitalisés, les régimes par répartition[1] n'en constituant que la portion congrue. Cela met en lumière une des dimensions

---

1. Régimes dont les prestations annuelles sont financées par les cotisations annuelles, sans l'intermédiaire des marchés financiers.

les plus pernicieuses des régimes capitalisés dont les
revenus de retraite reposent sur les meilleurs rendements possible de l'ensemble de leurs placements,
dont ceux des titres de dette publique. Or, la réalisa-
tion de tels rendements a un effet dévastateur sur les
finances publiques des pays émetteurs de ces titres,
qui se voient imposer des mesures d'austérité exigeant notamment la dégradation des régimes publics
de retraite.

Baisser l'impôt des plus riches : une réorientation s'impose

Sylvie Morel

Mais pour tous, au fond, et sous des noms divers, la doctrine est la même, elle se ramène clairement à cette pensée fondamentale : il y a entre chacun des individus et tous les autres un lien nécessaire de solidarité *; c'est l'étude exacte des causes, des conditions et des limites de cette solidarité qui seule pourra donner la mesure des droits et des devoirs de chacun envers tous et de tous envers chacun, et qui assurera les conclusions scientifiques et morales du problème social.*
Léon Bourgeois[1].

L A FISCALITÉ est l'outil dont dispose l'État pour récolter les revenus servant à financer ses dépenses budgétaires (relatives aux différents postes : services sociaux et santé, éducation, justice, travail, etc.). Quel volume de recettes recueillir, compte tenu des objectifs de politiques publiques ? Par quels « prélèvements fiscaux » y parvenir : l'impôt sur le revenu des particuliers, l'impôt sur le revenu des sociétés, les taxes à la consommation (la taxe de vente du Québec (TVQ) ou la taxe sur les produits et services (TPS)

---

1. Léon Bourgeois, *Solidarité*, Villeneuve d'Ascq, Presses universitaires du Septentrion, 1998 [1896], p. 14-15.

fédérale? Quelles grandeurs économiques imposer (revenus du travail, revenus des sociétés, dépenses de consommation, patrimoine, notamment)? À quel taux? Derrière ces questions apparemment techniques se profilent des enjeux éthiques fondamentaux. Ils ont trait aux modalités d'organisation de la vie en société.

On peut choisir une société cohésive, solidaire, et agir alors en fonction d'une réalité incontournable : l'interdépendance existant, dans toute société, entre les individus qui la composent et les limites que cela impose au niveau de l'appropriation privée de la richesse collective. Des problèmes économiques passent alors au premier plan : le partage entre les salaires et les profits (et au sein de chacun d'entre eux) et la manière dont la fiscalité et la sécurité sociale en atténuent l'inégalité, tout en produisant de la richesse. La doctrine de Léon Bourgeois (1851-1925), homme politique, théoricien français et premier président de la Société des Nations, exprime cette orientation. Elle est appelée *solidariste* parce qu'elle montre que, dans la société, cette association humaine, la dette sociale que chacun entretient face aux autres est première dans la constitution du lien social. Notre « corps, les produits de notre travail, notre langage, nos pensées, nos institutions, nos arts, tout est pour nous héritage, trésor lentement accumulé par les ancêtres[1] ». L'effort personnel est bien peu en regard de ce legs collectif. Aussi, la fiscalité est, certes une contribution à l'œuvre commune, mais aussi un moyen pour chacun d'acquitter sa dette envers la collectivité. Si chacun est

---

1. *Ibid.*, p. 24.

redevable des avantages qu'il tire de la « jouissance de ce fonds commun », cette dette doit être payée à hauteur des bénéfices retirés. De sorte que la contribution est équitable si on exige de « ceux à qui a profité le plus largement l'ensemble du travail en général », non des « malheureux[1] ». On peut légitimer ainsi l'impôt sur le revenu des particuliers, caractérisé par une structure de taux d'imposition qui s'élèvent avec le revenu. Cela s'appelle la progressivité, qualité qui fait de cet impôt un « attribut essentiel de la citoyenneté par lequel le financement de la politique publique, adoptée par le suffrage universel, est assuré par chacun en fonction de sa faculté contributive[2] ». Selon cette éthique de la justice, la fiscalité est l'une des grandes institutions de la solidarité sociale.

Une vision opposée du bien commun prédomine aujourd'hui. Elle mise sur le « marché » pour réconcilier l'intérêt individuel et l'intérêt collectif : l'individualisme domine, la richesse reflète l'effort individuel, ce qui légitime la propriété, et, si l'État intervient minimalement dans l'économie (qui obéit à des lois naturelles qu'il ne faut pas entraver), la liberté économique et la concurrence entre tous assurent la prospérité économique (qui rejaillit sur les pauvres). Cela est la doctrine libérale qui voit dans la fiscalité une expropriation abusive. Les fortes réductions de l'impôt sur le revenu des particuliers, en commençant par les hauts revenus, réalisées depuis 30 ans, se sont largement inspirées de cette doctrine, revenue en force sous l'appellation de néolibéralisme.

---

1. *Ibid.*, p. 79.
2. Liêm Hoang-Ngoc, *Vive l'impôt!* Paris, Grasset, 2007, p. 11.

Une tendance trentenaire :
la baisse de l'imposition des hauts revenus

Depuis le début des années 1980, les systèmes fiscaux des pays industrialisés ont subi de profondes transformations en raison de réformes dont l'objectif affiché était de réduire les recettes fiscales. Associées à l'expression péjorative de « pression fiscale », ces recettes sont l'ensemble des « prélèvements obligatoires » (expression tout aussi biaisée), c'est-à-dire les prélèvements fiscaux déjà identifiés, auxquels s'ajoutent les « prélèvements sociaux », ou les cotisations qui financent la sécurité sociale (tels l'assurance-emploi – l'assurance chômage –, le régime de rentes du Québec, l'assurance parentale, etc.). Dans les pays de l'Organisation de coopération et de développement économiques (OCDE), l'importance des prélèvements obligatoires dans l'économie n'a pas décliné. Mais l'impôt sur le revenu des particuliers a été restructuré. La baisse des taux d'imposition des tranches de revenu supérieures est, à cet égard, un fait majeur (survenu dans 43 % des pays entre 2000 et 2008).

Des réductions d'impôt massives ont été accordées aux États-Uniens les plus riches par Ronald Reagan, à partir de 1981, créant un déficit énorme et durable qui a pénalisé à long terme la productivité industrielle, et par Georges Bush, en 2001 et 2003, l'une des raisons, selon Barack Obama, des déficits si élevés enregistrés dans ce pays. Malgré son bras de fer avec les républicains à l'été 2011, ce dernier a échoué à inverser la tendance. Le phénomène de baisses d'impôt s'est aussi produit dans les pays membres de l'Union européenne, qui « se sont livrés à une concurrence coûteuse en vue d'augmenter l'attractivité de leur territoire pour les plus aisés[1] ». Au Canada, souligne l'OCDE, le 1 % des plus riches a vu sa part du revenu total passer de 8,1 % en 1980 à 13,3 % en 2007, alors que le taux d'imposition marginal supérieur fédéral passait de 43 % en 1981 à 29 % en 2010. Au Québec, le barème d'imposition comptait, en 1988, 16 paliers (de 13 % à 28 %), comparativement à trois aujourd'hui (16 %, 20 % et 24 %). La baisse des taux d'imposition n'est qu'un élément parmi d'autres influant sur l'impôt des hauts revenus. Elle a aussi largement débordé le groupe des plus nantis, sans compter que les allègements fiscaux – 5,4 milliards dollars au Québec de 2003 à 2009 – prennent des formes variées (déductions, crédits d'impôt, etc.). Mais, dans l'ensemble, la baisse des taux d'imposition des hauts revenus explique, en partie, l'érosion du pouvoir redistributif des dispositifs fiscaux et de protection sociale constatée dans plusieurs pays depuis le milieu des années 1990 (provenant surtout de la baisse d'efficacité des prestations sociales).

Contrer la contre-révolution fiscale : quelques arguments économiques

Cette orientation a été appelée la *contre-révolution fiscale*. En effet, en inversant la logique progressive de l'impôt sur le revenu des particuliers, elle prive la politique fiscale d'une partie de ses moyens traditionnels, tout comme la dépense publique, qui en est tributaire : la restriction fiscale est une « méthode pour comprimer l'ensemble des activités de l'État,

---

1. Thierry Pech, « Il n'y a qu'à faire payer les riches », *Alternatives économiques*, n° 307, novembre 2011, p. 75.

sauf celles qui plais[e]nt[1] ». L'objectif est complémentaire à celui du « déficit zéro », graduellement devenu,
depuis 1996, au Québec, synonyme de bonne gestion des finances de l'État dans l'opinion publique :
déséquilibrer la dépense publique (créer un déficit)
en la tarissant à sa source (par des réductions de revenus) et, ensuite, l'infléchir à la baisse, en substituant à
la décision publique une règle inflexible (les dépenses
doivent égaler les recettes, la définition d'un budget
non déficitaire). Au final, un « corset de règles budgétaires strictes », qui « risque d'être un remède pire que
le mal »[2], et l'appauvrissement du politique, comme
nous l'avons expliqué ailleurs[3].

Des économistes ont légitimé (ou conçu) ces
politiques adoptées par les gouvernements. Ce sont
ceux qui adhèrent au courant théorique dominant
dans les départements d'économie à l'Université,
l'approche dite néoclassique. Malgré son hégémonie, de nombreux économistes la contestent, y compris sur son analyse des baisses d'impôt pour les
hauts revenus. Nous présentons quelques-uns de
leurs arguments.

Ce sont les économistes néoclassiques qui justi-
fient la politique reaganienne en popularisant un discours anti-impôt radical, entretenu ensuite par les

---

1. John Kenneth Galbraith, *Économie hétérodoxe*, Paris, Seuil,
    2007, p. 663.
2. Thierry Pech, « Et si on interdisait les déficits ? Une idée
    inefficace et potentiellement contre-productive », *Alternati-
    ves économiques*, n° 307, novembre 2011, p. 73.
3. Sylvie Morel, « Budget 2010-2011 : l'orthodoxie économi-
    que ou la démission du politique », *Économie autrement*,
    avril 2010, <www.economieautrement.org/IMG/pdf/Sylvie_
    Morel_18_ avril_ 2010_L_appel_a_la_demission.pdf>.

médias et les groupes de pression. Pour Arthur Laffer et Jan P. Seymour, « trop d'impôt tue l'impôt ». Ainsi, l'impôt augmente les recettes fiscales, mais au-delà d'un certain seuil, la hausse des taux d'imposition a l'effet inverse. Le problème est, selon eux, que les impôts sur le revenu et sur le profit trop élevés découragent l'initiative, l'épargne, l'investissement et l'effort productif, tout en favorisant l'évasion fiscale. Dans son premier rapport économique, le président Reagan s'explique : « Plutôt que d'utiliser le système fiscal pour redistribuer le revenu, nous l'avons restructuré de manière significative afin d'encourager les gens à travailler, épargner, investir plus[1]. » Des impôts élevés conduiraient les individus à préférer le loisir à l'emploi, c'est-à-dire les « désinciteraient » à travailler, diminuant ainsi le revenu imposable et, donc, les recettes de l'État. Une forte taxation des hauts revenus « désinciterait » aussi à entreprendre et à investir parce qu'elle retire à leurs titulaires l'épargne dont dépendrait l'investissement et, par conséquent, la croissance, source de recettes fiscales. Ce discours a été poussé à outrance pour signifier que toute hausse des impôts déprime la croissance. Au Québec, comme ailleurs, ces arguments ont été repris, de sorte que l'impôt sur le revenu serait maintenant le pire moyen de récolter des recettes fiscales. Mieux vaudrait taxer la consommation et tarifer les services publics.

Cette thèse souffre de nombreuses limitations. Impossible déjà de prédire ce fameux seuil d'imposition à partir duquel les recettes fiscales diminuent. Aucune preuve empirique satisfaisante non plus de

---

1. Michel Beaud et Gilles Dostaler, *La pensée économique depuis Keynes*, Paris, Seuil, 1993, p. 157.

l'existence de cette relation. Mais surtout, prétendre que hausser l'impôt est dommageable pour l'économie fait fi de la réalité. D'une part, comme l'indique l'Institut international d'études sociales, les enquêtes montrent que la majorité des individus ne changent presque pas leur comportement de travail quand l'impôt augmente, n'ayant pas, généralement, la capacité de fixer leur nombre d'heures de travail, entre autres raisons. D'autre part, il n'existe pas un seuil objectif au-delà duquel le niveau d'imposition compromet la croissance. L'expérience des pays de l'OCDE le montre clairement. Au Danemark, l'impôt sur le revenu des particuliers avoisine le quart du PIB, la valeur de la production (26,4 % en 2009 ; 9 %, dans la zone de l'OCDE). Cela n'empêche pas l'OCDE d'en faire un modèle de réussite économique, notamment en matière d'emploi, comme en témoigne sa *Stratégie pour l'emploi* de 2006. En 2007 (avant la crise), le ratio recettes fiscales / PIB était, au Danemark, en Suède et en France, pays enviables économiquement à plusieurs égards, de 48,9 %, 47,4 % et 43,7 % respectivement (35,2 %, OCDE ; 38,2 % en 2006, Québec, ce qui situe ce dernier dans la moyenne). Enfin, de 2000 à 2007, aucune évidence, dans les faits, au niveau international, d'un impact négatif sur la croissance ou l'emploi de l'imposition progressive[1].

Affirmer que l'augmentation des impôts décourage l'activité économique, c'est aussi nier les leçons de l'histoire économique du xxe siècle, issues notam-

---

1. Institut international d'études sociales, *World of Work Report 2011. Making markets work for jobs*, Organisation internationale du travail (OIT), Genève, p. 108.

ment des travaux de l'économiste Thomas Piketty :
« Les périodes où les impôts ont le moins taxé les
riches sont celles où la croissance économique fut
la plus faible. Au contraire, les phases où l'impôt
progressif a empêché la concentration du patrimoine
sont celles où la croissance économique fut la plus
soutenue[1]. » Dans le capitalisme actuel dominé par
la finance, baisser l'impôt des riches nuit aussi au
développement quand l'épargne ainsi libérée est
canalisée vers des placements spéculatifs plutôt
que vers l'investissement productif. Sans parler du
« double dividende » que touchent les classes aisées :
les baisses d'impôt dégagent une épargne qui, une
fois prêtée à l'État (qui doit financer les déficits
consécutifs à ces baisses de recettes), leur rapporte
des intérêts.

Le discours néolibéral occulte un pan essentiel de
la réalité : l'impôt y apparaît seulement comme une
ponction, sans sa contrepartie, la dépense publique
productrice de richesse. Prétendre que seul le « privé »
crée de la richesse est purement doctrinal et absurde
du point de vue économique. L'économiste John M.
Keynes a montré la nécessité de la dépense publique
pour régulariser l'activité économique, relever le
niveau de l'emploi et combattre les inégalités. Cela
conditionne généralement l'investissement (et non
l'épargne, la thèse néoclassique), puisque celle-ci
s'accroît quand les entreprises anticipent de bonnes
ventes. La dépense publique est déterminante pour
assurer l'égalité entre les femmes et les hommes, la
réussite scolaire, l'accès à l'éducation supérieure, la

---

1. Hoang-Ngoc, *op. cit.*, p. 54.

santé, la confiance en l'avenir, tous éléments de cohé-
sion sociale et d'un développement économique *de
qualité*. L'économiste Adolph Wagner avait prévu,
au début du xxᵉ siècle, que le développement de la
civilisation nécessiterait une hausse plus rapide de la
dépense publique que du PIB. Puis dénigrer l'État,
nier la contrepartie de l'impôt et laisser croître le sen-
timent d'injustice qu'éprouve la population devant
les nombreuses fuites du système fiscal, suscitent la
résistance à l'impôt, ce qui favorise l'évasion fiscale.

Le Québec disposerait d'une « marge de manœuvre
particulièrement réduite » pour augmenter l'impôt
sur le revenu des particuliers, dont le niveau (14,1 %
du PIB en 2006), dépasse celui de ses voisins (13,1 %,
Ontario, 10,2 %, États-Unis) et des pays de l'OCDE
(9,1 %)[1]. Cela est inexact. Premièrement, il est incor-
rect économiquement de comparer le Québec aux
provinces canadiennes et aux États-Unis, alors que
celui-ci offre un ensemble de transferts en nature
(services publics) et monétaires (sécurité sociale) qui
n'existe nulle part ailleurs en Amérique du Nord,
là où la population doit se *payer privément* la protection. Si on additionne la *dépense sociale publique*
et la *dépense sociale privée* (des ménages pour les
services marchands), la *dépense sociale totale* risque
d'être moindre au Québec : les services marchands
sont plus coûteux (et moins accessibles), à niveau
de qualité comparable, que les services publics. La
santé en est l'exemple classique. Seconde omission
(après celle de la dépense privée), on analyse le poids

---

1. Comité consultatif sur l'économie et les finances publiques, *Le Québec face à ses défis. Fascicule 1*, Gouvernement
   du Québec, Québec, 2009, p. 25.

de l'impôt sur le revenu en excluant les prélèvements sociaux, qui réduisent aussi le revenu disponible. Or, au Québec, cette source de financement représente moitié moins (5,6 % du PIB) que les taux moyens du G7 (groupe des sept pays les plus développés – 10,3 %), de l'OCDE (11,6 %) et de l'Union européenne (11,6 %)[1]. Les QuébécoisEs financent donc par l'impôt ce qu'employeurEs et salariéEs financent ailleurs par cotisation. Comme l'expliquaient le fiscaliste Luc Godbout et son collègue Pierre Beltrame : « Au Québec, les prélèvements sociaux jouent un rôle bien moindre, confirmant la nécessité de recourir à un plus grand financement de la protection sociale par l'intermédiaire des impôts et des taxes[2]. » La comparaison internationale exige donc de la prudence, car les systèmes sociaux – et fiscaux – sont, nous avons pu l'observer, qualitativement très variés[3]. Enfin, l'alternative proposée au Québec est insatisfaisante. Les taxes à la consommation sont régressives : un taux unique pénalise davantage les plus pauvres et la classe moyenne, car la part consommée de leurs revenus excède celle des classes supérieures. Quant à la tarification des services publics selon leur utilisation (utilisateur-payeur), elle importe dans l'espace fiscal une logique marchande étrangère à celle de la citoyenneté solidaire.

1. Données de 2003. Luc Godbout et Pierre Beltrame, *Fiscalité comparée : comparaison de l'importance des recettes fiscales par rapport au PIB – le Québec en regard du G7, de l'OCDE et de l'UE*, Chaire de recherche en fiscalité et en finances publiques, Sherbrooke, Université de Sherbrooke, 2006, p. 25.

2. *Ibid.*, p. 24.

3. Sylvie Morel, *Les logiques de la réciprocité*, Paris, PUF, 2000.

Instituer l'impôt selon une éthique solidariste

Dans son *Tour d'horizon des inégalités de revenus dans les pays de l'OCDE* de décembre 2011, cette organisation, pourtant d'orientation généralement assez libérale, affirme que, puisqu'une part croissante du revenu va aux plus hauts salariés, « ce groupe a maintenant une plus grande capacité de payer de l'impôt », de sorte que « les gouvernements pourraient réexaminer le rôle redistributif de la fiscalité pour s'assurer que les individus les plus riches contribuent à leur juste part au fardeau fiscal ». De nombreux pays réajustent maintenant le tir, en relevant les taux supérieurs de l'impôt sur le revenu, en restaurant l'impôt sur la fortune ou en créant une contribution exceptionnelle sur les hauts revenus. On sait que des hausses relativement faibles de ces taux peuvent générer des revenus substantiels[1]. Une réforme plus ambitieuse, qui réintroduirait dix paliers d'imposition au Québec, rapporterait à l'État, selon l'Institut de recherche et d'informations socio-économiques (IRIS), 1,2 milliard de dollars de revenus supplémentaires. Mais d'autres options méritent aussi examen : traiter pareillement revenus du travail et revenus du capital ou encore fixer un revenu maximum, au-delà duquel le taux d'imposition serait (par définition) de 100 %, comme le propose l'économiste Jean-Marie Harribey.

Le Québec s'est illustré, en Amérique du Nord, par un choix axé sur la solidarité, en mutualisant la dépense sociale et en privilégiant un mode de financement progressif, l'impôt sur le revenu. Comme l'a

---

1. Institut international d'études sociales, *op. cit.*, p. 101.

théorisé l'économiste John R. Commons, la solidari-
sation des individus dans une société passe, non par
le « marché », mais par l'« institution ». Cet impôt est
exemplaire à cet égard. Une réorientation politique,
d'autres visions de l'économie et un peu d'imagina-
tion, tels sont les principaux ingrédients de la résolu-
tion du problème de l'organisation sociale de la fiscalité selon une éthique solidariste.

Que veulent-elles encore les femmes?

Ruth Rose

Les femmes ont indéniablement fait des progrès au cours des dernières décennies. Elles sont maintenant majoritaires dans à peu près tous les programmes universitaires avec quelques rares exceptions comme le génie, l'informatique, la physique, les mathématiques et les sciences économiques. Le gouvernement du Québec vient d'annoncer que la parité femmes-hommes a été atteinte dans la plupart des conseils d'administration des sociétés d'État. Tout semble bien aller, donc.

Pourtant, les écarts de salaire persistent même pour les jeunes diplômées dans leurs premières années de carrière. Les femmes ont encore de la difficulté à accéder aux postes supérieurs de gestion, à percer en politique, chez les professionnels. La plupart des métiers de cols bleus demeurent des bastions masculins.

Portrait de la situation économique des femmes
LES ÉCARTS SALARIAUX FEMMES-HOMMES PERSISTENT?

Au Québec, le ratio des gains annuels femmes/hommes a augmenté de 54% en 1976 à 74% en

2009 pour l'ensemble des travailleuses et travailleurs et de 63 % à 79 % pour les personnes travaillant à temps plein toute l'année.

Mais sur une période de plus de 30 ans, proportionnellement au coût de la vie, les hommes ont connu une baisse de salaire alors qu'il serait normal que les salaires augmentent avec les gains de productivité. Un cinquième de la réduction des écarts au niveau des gains annuels entre femmes et hommes est attribuable à une réduction des gains des hommes plutôt qu'à une hausse des salaires des femmes, en partie à cause d'une baisse du nombre d'heures travaillées par les hommes.

Sur une base horaire, entre 1997 et 2010, les salaires réels des hommes ont augmenté de 7 % comparativement à 14 % pour les femmes[1].

Graphique 1

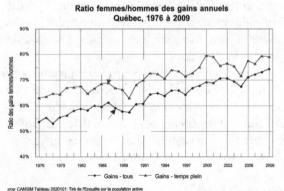

Ratio femmes/hommes des gains annuels
Québec, 1976 à 2009

urce: CANSIM Tableau 2020101: Tiré de l'Enquête sur la population active

---

1. Statistique Canada, *Enquête sur la population active CANSIM*, tableau 282-0070. L'inflation a été calculée avec l'indice des prix à la consommation du Canada.

LES FEMMES CONTINUENT D'ASSUMER LA PLUS
GRANDE PART DU TRAVAIL MÉNAGER NON RÉMUNÉRÉ

En 2005, les Québécoises ont effectué en moyenne 28 heures par semaine de travaux ménagers comparativement à 17,5 heures pour les Québécois[1]. Ce sont surtout les tâches ménagères routinières telles la préparation des repas, les achats, le ménage et la lessive qui occupent le temps des femmes. Selon l'enquête, elles consacrent 3,5 heures par semaine aux soins des enfants (contre 1,4 heure pour les hommes), mais il est fort possible que les deux sexes considèrent comme un loisir une partie du temps qu'ils consacrent aux enfants.

Le taux d'activité des femmes âgées de 25 à 54 ans qui ont au moins un enfant de moins de six ans était de 75 %, comparativement à 94 % pour les hommes et d'environ 84 % pour les femmes dont les enfants avaient de 6 à 24 ans ou qui n'avaient pas d'enfants[2]. De plus, en 2010, 18 % des femmes âgées de 25 à 54 ans travaillaient à temps partiel, comparativement à 6 % des hommes[3]. En moyenne, les femmes travaillaient habituellement 33,1 heures par semaine en 2009 comparativement à 38,2 heures pour les hommes.

En d'autres mots, la présence d'enfants, surtout de jeunes enfants, affecte de façon significative la participation des femmes au marché du travail. Chez les

---

1. Statistique Canada, *Aperçu sur l'emploi du temps des Canadiens*, nº 12F0080-XIF au catalogue.
2. Statistique Canada, *Recensement de 2006*, Tableau 97-559-XCB200616
3. Statistique Canada, *Enquête sur la population active CANSIM*, Tableau 282-0016.

hommes de 25 à 54 ans, ce sont les personnes sans enfant qui ont les taux d'activité les plus faibles. Les femmes effectuent également la majorité des tâches d'entretien d'un foyer, services dont les hommes sont des bénéficiaires importants.

LES ÉCARTS SALARIAUX SE MANIFESTENT DÈS LE DÉBUT DE LA CARRIÈRE

On perçoit un écart de salaire avec les hommes de 25 % pour les femmes venant de compléter une formation professionnelle de niveau secondaire et de 10 % chez les diplômées de niveau collégial ou universitaire. Même chez les détenteurs d'un DEC technique, ce sont les salaires élevés en soins infirmiers qui relèvent la moyenne des femmes. Pour les autres spécialisations, les écarts sont plus grands.

Tableau 1

Salaires et ratio des salaires femmes/hommes, des femmes et des hommes ayant obtenu un diplôme une ou deux années plus tôt selon le niveau du diplôme. Québec, 2009-2010

Niveau du diplôme	Salaire femmes	Salaire hommes	Ratio F/H
Attestation de spécialisation professionnelle (ASP)	575 $	765 $	75,2 %
Diplôme d'études professionnelles (DEP)	542 $	706 $	76,8 %
Diplôme d'études collégiales techniques	645 $	698 $	92,4 %
Baccalauréat	827 $	906 $	91,3 %
Maîtrise	1 069 $	1 188 $	90,0 %

Source : Ministère de l'Éducation, du Loisir et du Sport (MELS), Séries Relance.

Le désavantage des femmes se fait sentir surtout pour les femmes peu scolarisées. Alors que les hommes ont accès aux métiers qualifiés dans les domaines de la construction, de la mécanique automobile ou d'autres métiers de cols bleus, les femmes se retrouvent dans des emplois de bureau, occupent des postes subalternes dans le secteur de la santé et d'autres emplois de service mal rémunérés et précaires.

Même lorsque les femmes ont un diplôme universitaire dans la même discipline que les hommes, les écarts de salaire varient de 5 à 15 % deux années après l'obtention du baccalauréat. Ces écarts ne vont qu'en grandissant avec le temps : en 2009, les gains annuels moyens des femmes détentrices d'un diplôme universitaire représentaient 73 % des gains des hommes ayant le même niveau de scolarité.[1]

LA SÉGRÉGATION PROFESSIONNELLE PERSISTE

En 2005, 59,5 % des femmes se retrouvaient dans les 33 professions à prédominance féminine, c'est-à-dire celles où les femmes représentaient au moins 60 % de la main-d'œuvre. Seulement 22 % se retrouvaient dans les 26 professions mixtes (de 40 % à 60 % de femmes). La place des femmes dans les emplois à prédominance masculine a même diminué entre 2000 et 2005 passant de 20,2 % à 18,5 %. En même temps, 67,6 % des hommes, soit les deux tiers, se retrouvaient dans 81 professions à prédominance masculine, dont 36,4 % dans les professions à forte prédominance masculine (plus de 80 % d'hommes)[2].

Les choix scolaires des jeunes ne laissent pas présager un changement majeur à l'avenir. En 2007, au niveau collégial technique, sur les 20 programmes les plus populaires, seulement deux étaient à caractère

---

1. Statistique Canada, *Enquête sur la dynamique du travail et du revenu, CANSIM*, tableau 202-0104.
2. Statistique Canada, *Recensement du Canada de 2006*, tableau 97-563-XCB2006069.

mixte : les techniques de comptabilité et de gestion ainsi que la gestion des commerces. Les femmes se retrouvaient surtout dans les soins infirmiers, les techniques d'éducation, de travail social, de bureau ou en design, tous des domaines comptant 80 % de femmes ou plus. Les hommes se retrouvaient dans l'informatique, divers domaines du génie ou de l'électronique et les techniques policières. Toutefois, au niveau universitaire les programmes du baccalauréat étaient davantage mixtes, à l'exception de la plupart des programmes de génie, d'informatique et de certaines sciences pures comme la physique et les mathématiques. Dans les sciences sociales, les femmes représentaient la moitié ou la grande majorité des effectifs dans la plupart des domaines à l'exception de l'économie, les études urbaines, l'histoire et la philosophie où elles comptaient pour environ le tiers des personnes inscrites. Elles étaient à parité ou en majorité dans les sciences de la santé, de l'éducation et de l'administration ainsi qu'en lettres, arts et droit[1].

En 1996, le Québec a mis en vigueur la *Loi sur l'équité salariale* dont l'objectif est d'assurer que les emplois à prédominance féminine reçoivent les mêmes salaires que des emplois à prédominance masculine de même valeur (tel qu'établi par un système d'évaluation exempt de biais sexistes). Malgré cette loi, les emplois typiquement féminins, particulièrement les emplois de bureau et de services, continuent d'être moins valorisés et de recevoir des salaires plus bas que ceux des hommes qui exigent à peu près les mêmes compétences, responsabilités, efforts et condi-

---

1. Ministère de l'Éducation, du Loisir et des Sports, *Gestion des données sur les effectifs universitaires, 2003 à 2007.*

tions de travail. Les progrès ont été ressentis surtout dans le secteur public et les grandes entreprises syndiquées, notamment dans des catégories d'emploi exigeant des diplômes collégiaux ou universitaires.

LE PLAFOND DE VERRE

Même dans certains domaines que les femmes ont commencé à pénétrer, celles-ci atteignent difficilement les plus hauts rangs. Par exemple, les femmes comptaient pour 21,8 % des cadres supérieurs en 2005, en baisse par rapport à 22,4 % en 2000. De plus, on retrouvait les femmes cadres surtout dans le secteur public et les services communautaires et sociaux, et très peu dans les services financiers, la production de biens, les services d'utilité publique, le transport et d'autres secteurs privés.

En médecine, les femmes sont plus souvent omnipraticiennes et moins souvent spécialistes que les hommes. Même dans un domaine très féminin comme les professionnels en sciences infirmières, 9,5 % des hommes sont des infirmiers en chef ou superviseurs comparativement à 5,5 % des femmes. Les femmes comptent maintenant pour 64 % des inscriptions dans les facultés de droit au niveau du baccalauréat et de la maîtrise et 54 % au doctorat ; elles représentaient 44 % des professionnels du droit (juges, avocats, notaires) en 2005, mais seulement 22 % des juges.

Les femmes comptent pour 65 % des enseignants, mais pour seulement 55 % des directeurs d'école et 39 % des professeurs d'université. Parmi les cadres de la fonction publique, elles ne représentent que 39 % des effectifs.

Les femmes et les programmes sociaux
LA POLITIQUE FAMILIALE DU QUÉBEC :
UN ATOUT POUR LES FEMMES ET LEURS ENFANTS

Préoccupé par une baisse marquée de la natalité, le gouvernement du Québec a établi une politique familiale qui vise à soutenir les familles et les encourager à avoir des enfants. Cette politique a trois composantes : les prestations familiales, les services de garde, les prestations et les congés parentaux.

Les prestations familiales

Depuis 1944, les principales allocations pour enfants proviennent du gouvernement fédéral. Toutefois, le Québec est la seule province qui offre également une prestation universelle pour tous les enfants, en plus d'un supplément relativement généreux pour les familles à faible revenu. Pour le premier enfant d'une famille pauvre, l'aide totale peut dépasser 9 000 dollars.

Surtout, pour les familles à faible revenu, ces montants font toute la différence entre la pauvreté tellement profonde qu'elles ne sont pas capables de garder leurs enfants et une situation qui permet, malgré tout, de survivre. Mais même pour les familles de la classe moyenne, une allocation de l'ordre de 4 000 dollars pour deux enfants dans un couple où les salaires totalisent 70 000 dollars, par exemple, a pour effet de compenser en partie les gains moindres des femmes.

Les services de garde

En 1997, le Québec a amorcé un programme de services de garde à l'enfance accessibles à cinq dollars par jour (maintenant sept dollars par jour). Même s'il manque encore des places dans certaines régions, surtout pour les poupons, pour les enfants ayant des besoins spéciaux et pour les enfants des milieux pauvres, le Québec a de loin le plus grand nombre de places subventionnées par rapport au nombre d'enfants parmi toutes les provinces canadiennes et les états américains, et cela autant au niveau scolaire qu'au niveau préscolaire.

Récemment, il y a eu beaucoup de critiques selon lesquelles la politique de sept dollars par jour favorise les familles à revenu moyen ou élevé qui seraient capables de payer davantage. Toutefois, on oublie que c'est la politique de services de garde abordables et accessibles qui permet à beaucoup de familles d'atteindre la classe moyenne parce qu'elle facilite le travail des femmes. Dans les autres provinces où les frais de garde peuvent atteindre 12 000 dollars par année pour un seul enfant, beaucoup de femmes décident que ça ne vaut pas la peine de travailler, ou vont trouver un emploi à temps partiel qui permet de faire garder les enfants gratuitement à l'intérieur de la famille. La décision de se retirer du marché du travail ou de travailler à temps partiel quand les enfants sont jeunes est une des principales raisons des revenus inférieurs des femmes tout au long de leur carrière. Il faut toutefois constater, que dans les autres provinces, les familles pauvres paient moins que sept dollars par jour en raison d'une aide financière généreuse.

Bref, la politique des services de garde a eu un effet très positif pour la plupart des femmes. Toutefois, un crédit d'impôt additionnel pour les familles les plus pauvres et la création de places additionnelles, notamment dans les quartiers pauvres et pour les enfants ayant des besoins particuliers, compléteraient la politique et la rendraient plus équitable.

Les congés et prestations parentaux

En 2006, le Québec a lancé un nouveau régime d'assurance parentale beaucoup plus généreux que celle offerte par le programme d'assurance-emploi dans le reste du Canada. Parmi les éléments qui sont meilleurs au Québec, mentionnons les prestations de paternité pendant cinq semaines, l'absence d'une période de carence (deux semaines à l'assurance-emploi), la couverture obligatoire des travailleuses et travailleurs autonomes, un taux de remplacement du salaire de 70 % pendant 30 des 55 semaines de couverture (55 % dans le régime d'assurance-emploi et pour les autres 25 semaines au Québec), un maximum des gains assurables supérieur d'environ le tiers et une option qui permet de prendre un congé plus court, mais avec un taux de remplacement du salaire de 75 %. Le critère d'admissibilité au Québec est aussi plus facile (2 000 dollars de gains pour 600 heures de travail) et la formule de calcul des prestations est plus généreuse dans beaucoup de cas.

Cette politique, avec celle des services de garde, semble avoir eu un effet très positif sur le nombre de naissances au Québec qui est passé de 72 478 en 2002 à 88 300 en 2010.

D'AUTRES POLITIQUES DE SÉCURITÉ DU REVENU : DES RECULS PARTOUT

L'assurance chômage

Depuis 1996, l'admissibilité ainsi que la durée des prestations « d'assurance-emploi » sont basées sur les heures travaillées alors que le montant des prestations est toujours basé sur le salaire hebdomadaire. Ces règles sont nettement discriminatoires à l'égard des femmes qui travaillent moins d'heures en moyenne que les hommes et sont plus souvent à temps partiel. Pour le même nombre d'heures travaillées et cotisées, une personne, le plus souvent une femme, qui les a accumulées en travaillant 20 heures par semaine recevra la moitié moins de prestations que la personne qui les a accumulées en travaillant 40 heures par semaine.

En 2009, parmi les personnes dont la cessation d'emploi récente répondait aux critères de l'assurance-emploi, 91,8 % des hommes adultes étaient admissibles comparativement à 88,3 % des femmes adultes et 62,8 % des jeunes de moins de 25 ans. Pour les personnes ayant travaillé à temps partiel, le taux d'admissibilité était de seulement 49,5 %[1].

Les régimes de pensions

En 2008, le revenu moyen des Québécoises âgées de 65 ans et plus était de 25 591 dollars soit 68 % des 37 553 dollars reçus par les Québécois.[2] Cet écart découle, évidemment, du fait que tout au long de leur vie d'adulte, les femmes gagnent moins que les hommes et sont plus souvent absentes du marché du travail en raison de leurs responsabilités familiales. En conséquence, elles contribuent moins au régime public de retraite, le Régime de rentes du Québec

1. Commission de l'assurance-emploi du Canada, *Rapport de contrôle et d'évaluation 2010*, Ressources humaines et Développement des compétences Canada, 2011, p. 116.
2. Agence du revenu du Canada, *Statistiques sur le revenu 2010, Année d'imposition 2008*.

(RRQ), et ont moins d'argent pour investir dans les Régimes enregistrés d'épargne retraite (REER) ou d'autres véhicules.

Le RRQ contient trois éléments qui visent à améliorer les rentes des femmes: les rentes de conjoint survivant, l'exclusion du calcul de la rente les années où les cotisations étaient faibles ou nulles en raison de la présence d'un enfant de moins de sept ans et le droit au partage des crédits de rente entre les conjoints en cas de dissolution du mariage. Toutefois, on n'accorde pas de crédits de rente directement en fonction de la présence d'enfants comme on le fait en France et dans plusieurs autres pays européens.

Depuis plus de trente ans, les principaux groupes de femmes du Québec demandent d'accroître de 25 % à 50 % le taux de remplacement du revenu du RRQ. Alors que le gouvernement propose plutôt de nouvelles formes d'épargne individuelle, le mouvement féministe soutien que l'amélioration du RRQ est la seule façon de couvrir tous les travailleuses et travailleurs du Québec, d'éviter des pertes lorsqu'on change d'emploi, de prévoir des mesures particulières pour les femmes, et d'assurer une pleine indexation à la croissance économique avant la retraite et à l'indice des prix après la retraite. Un régime collectif comme le RRQ est beaucoup moins coûteux à administrer qu'une multitude de régimes privés et, surtout, il permet aux cotisantes et cotisants de faire face à la volatilité des marchés financiers de façon collective au lieu d'être obligés d'assumer tout le risque individuellement.

Au lieu d'améliorer le RRQ, les gouvernements successifs ont plutôt commencé à sabrer dans le régime tout en haussant le taux de cotisation. Ces coupes affectent davantage les femmes que les hommes en raison de leur plus grande longévité. Heureusement, les gouvernements n'ont pas osé couper les rentes de conjoint survivant face aux protestations répandues de la gent féminine.

DES SERVICES DE SOUTIEN AUX PERSONNES INVALIDES, HANDICAPÉES OU EN PERTE D'AUTONOMIE

Alors que le Québec a investi beaucoup dans les services de garde, sa performance au niveau des services à domicile pour les adultes ayant besoin de soins et des places en centre hospitalier pour soins de longue durée figure parmi les pires des provinces. Ce sont les proches aidants, ou plutôt le plus souvent les proches aidantes, qui doivent prendre la relève. Fréquemment, les femmes dans la cinquantaine quittent leur emploi pour s'occuper d'un conjoint ou un parent malade. Des femmes plus âgées peuvent aussi s'épuiser à s'occuper d'un conjoint sans soutien réel de la part des services publics.

En conclusion : que veulent-elles les femmes?

Fondamentalement, les femmes ont besoin de soutien dans trois domaines.

Premièrement, elles veulent l'égalité sur le marché du travail. Les batailles pour l'équité salariale et pour l'accès aux métiers et aux professions à prédominance masculine, particulièrement les métiers de cols bleus et les postes de cadre supérieur, ne sont pas finies. Mais, l'égalité des femmes exige aussi que les hommes s'occupent davantage des enfants, du travail ménager et des adultes ayant besoin de soins. Les mesures pour faciliter la conciliation travail-famille, notamment des horaires flexibles, des congés mobiles et de moyenne durée pour les responsabilités familiales, doivent être développées davantage.

En deuxième lieu, les femmes ont besoin de meilleurs programmes de soutien de revenu. Il faut rétablir les barèmes à l'aide sociale pour éviter la pauvreté extrême et investir davantage dans les logements sociaux. Il faut éliminer la discrimination à l'égard des personnes travaillant à temps partiel dans le programme d'assurance-emploi. Il faut améliorer le Régime de rentes du Québec et renforcer les mécanismes dans les régimes publics de retraite qui visent à reconnaître le travail non rémunéré socialement utile des femmes – et éventuellement des hommes.

Troisièmement, il faut développer davantage les services publics : compléter le réseau de services de garde, accroître de façon significative les services à domicile pour les personnes âgées et malades ou handicapées ainsi que les résidences adaptées ou les centres hospitaliers des soins de longue durée.

Notre société continue d'être basée essentiellement sur un modèle masculin où les hommes sont les principaux gagne-pain et les femmes les pourvoyeuses de services non rémunérés au sein de la famille. Il faudrait plutôt développer un nouveau modèle de société où les hommes et les femmes peuvent mieux concilier leurs obligations dans ces deux domaines. C'est la meilleure recette pour une société réellement égalitaire, mais aussi pour une société avec une meilleure qualité de vie.

Le système québécois de retraite à la croisée des chemins

Michel Lizée[1]

> *La démarchandisation [...] comme l'affirme Polanyi,*
> *est nécessaire pour la survie du système. C'est aussi une*
> *condition nécessaire pour un niveau acceptable*
> *de bien-être individuel et de sécurité*[2].

AU MOMENt de la mise sur pied du Régime de rentes du Québec en 1966, 64 % des personnes qui avaient 30 ans pouvaient espérer se rendre à l'âge de la retraite et, à cette époque, la durée moyenne des prestations une fois à la retraite était de 12 ans. En 2011, la probabilité de se rendre à l'âge de la retraite est maintenant de 91 % et 20 ans vont s'écouler entre la date de retraite et le décès, près de deux fois la

---

1. Merci à Vincent van Schendel et Ruth Rose pour leurs commentaires sur une version antérieure de ce texte.
2. Gøsta Esping-Andersen, *Les trois mondes de l'État-providence. Essai sur le capitalisme moderne*, Paris, Presses universitaires de France, 1999.

durée en 1966. Comment assurer un revenu pendant toutes ces années ?

Le Canada a un système de retraite de type *libéral* avec des régimes publics modestes et une grande place aux régimes complémentaires et au marché.

À l'instar des pays anglo-saxons, le Canada et le Québec se caractérisent par le fait que les régimes publics sont très peu généreux et n'assurent même pas un revenu suffisant pour se hisser en haut du seuil de pauvreté (autour de 23 000 dollars). Le tableau suivant présente la rente minimale et maximale offerte par les régimes publics canadiens et québécois pour une personne qui prend sa retraite à 65 ans :

Tableau I

Rente minimale et maximale offerte par les régimes publics de retraite pour une personne seule qui prend sa retraite à 65 ans et n'a aucune autre source de revenus, 2011

Prestation : Régime	Minimum Personne qui n'a jamais cotisé au RRQ	Maximum Personne qui a cotisé toute sa vie au maximum au RRQ (48 300$ et plus de revenu en 2011)
Pension de sécurité de vieillesse Prestation versée aux personnes de 65 ans et plus	6 291 $	6 291 $
Supplément de revenu garanti Programme d'assistance pour les personnes âgées à faible revenu (la rente diminue en fonction des autres revenus gagnés)	8 540 $	2 180 $
Régime de rentes du Québec Régime de retraite où la rente est basée sur les revenus gagnés et cotisés pendant la vie active	0 $	11 520 $
TOTAL	14 831 $	19 991 $

Il y a deux conséquences au niveau trop faible des rentes versées par les régimes publics. L'une est financière, l'autre est politique.

La conséquence financière est que l'objectif d'assurer un taux de remplacement suffisant du revenu une fois à la retraite repose sur les épaules de mécanismes privés qui bénéficient d'une aide fiscale importante de l'État, soit les régimes complémentaires de retraite et les régimes individuels d'épargne retraite. À titre d'illustration, une femme qui a travaillé toute sa vie en gagnant le salaire industriel moyen (48 300 dollars en 2011) aurait besoin d'avoir accumulé un capital égal à 320 000 dollars si elle veut pouvoir avoir un taux de remplacement de 70 % de son revenu à la retraite et ainsi pouvoir maintenir son niveau de vie une fois à la retraite entre l'âge de 65 ans et son décès attendu vers 88 ans. Si cette personne avait travaillé de façon continue depuis l'âge de 25 ans, il faudrait qu'elle ou son employeur aient cotisé 13 % du salaire gagné en plus des cotisations au Régime de rentes du Québec pour générer ce capital de 320 000 dollars. Le taux de cotisation requis serait plus élevé si le salaire à couvrir dépasse 48 300 dollars tandis qu'il serait plus faible pour un bas salarié.

La conséquence politique est que les régimes publics assument un rôle modeste et que ce sont les régimes privés, qui bénéficient d'une aide fiscale considérable de l'État, qui sont perçus comme la clé pour le maintien de leur niveau de vie à la retraite.

Un enjeu de couverture insuffisante

Nous savons déjà que le marché du travail offre des conditions d'emploi très inégales selon le secteur économique, les qualifications, la demande en main-d'œuvre qualifiée ou le sexe. Mais l'accès à un régime de retraite est également inégal : il est plus important chez les employeurs syndiqués du secteur privé, particulièrement ceux de taille plus importante, et dans le secteur public et parapublic. Dans une étude récente, la Régie des rentes a conclu que seulement 27 % des travailleurs et des travailleuses ont un « potentiel élevé d'atteinte d'un niveau adéquat de remplacement de revenu » tandis que 38 % n'ont strictement rien[1]. Ce n'est pas pour rien que, au Québec, une personne sur deux de plus de 65 ans a des revenus suffisamment faibles pour être admissible à une prestation du Supplément de revenu garanti, un programme visant spécifiquement les personnes âgées à faible revenu.

Voilà pourquoi la Fédération des travailleurs et travailleuses du Québec (FTQ) et une vaste coalition de 74 groupes de femmes, de personnes retraitées, de jeunes et de groupes communautaires a mis sur pied en septembre 2010 une campagne arrimée à celle déjà mise en place au Canada anglais par le Congrès du travail du Canada. Cette vaste coalition, que la Centrale des syndicats nationaux (CSN) a finalement ralliée en décembre 2011, revendique que les régimes publics canadiens (le Régime des pensions du Canada et le Régime de rentes du Québec, deux régimes presque identiques) soient améliorés en augmentant progressivement, sur une base entièrement capitalisée, le taux de remplacement de 25 à 50 % du revenu gagné et en augmentant progressivement le plafond salarial de 48 300 à 64 000 dollars, le même que celui applicable pour la Commission de la santé et de la sécurité au travail (CSST) et le Régime québécois d'assurance parentale (RQAP).

---

1. Régie des rentes du Québec, *Portrait du marché de la retraite au Québec*, Québec, Régie des rentes du Québec, 2010.

Comme il s'agirait d'un volet pleinement capitalisé, l'augmentation du coût du régime serait modeste. Le salarié qui cotise actuellement tout près de 5 % de son salaire ne devrait payer que 3,3 % de son salaire pour doubler sa rente. Mieux encore, pour la partie de son salaire entre 48 300 et 64 000 dollars un taux de cotisation salarial de 5,5 % sera suffisant pour payer le plein 50 % de la rente ! C'est l'efficience même d'un régime public au niveau de l'administration et des placements et ses très faibles coûts de gestion (0,65 % de l'actif alors que les fonds communs de placement canadiens ont des frais parmi les plus élevés au monde, entre 1,5 % et 2,5 % des montants investis) qui permettent de doubler la rente avec une augmentation aussi faible de la cotisation. Cette coalition réclame également une augmentation d'au moins 15 % du supplément de revenu garanti pour réduire immédiatement l'incidence de la pauvreté chez les personnes âgées les plus pauvres.

La riposte ne se fera pas attendre. Les entreprises financières et les employeurs vont plutôt proposer avec succès aux gouvernements le Régime volontaire d'épargne retraite, une extension du modèle actuel des REER, sans obligation pour les employeurs de cotiser, avec un mécanisme favorisant l'adhésion automatique de l'ensemble des salariéEs sans régime complémentaire avec possibilité de retrait.

Les régimes complémentaires : les régimes à prestations déterminées comparés aux régimes à cotisation déterminée

La loi actuelle n'exige pas d'un employeur de mettre sur pied un régime complémentaire de retraite mais, s'il en met un sur pied, le régime doit alors respecter les dispositions de la Loi en ce qui a trait aux prestations minimales, au financement, aux placements et à sa gouvernance. La loi applicable varie selon qu'il s'agit d'un employeur sous compétence québécoise ou fédérale, constitution canadienne oblige! C'est le mouvement syndical qui, à la table de négociation ou sur les piquets de grève, a forcé les employeurs à mettre en place de tels régimes complémentaires de retraite qui assurent un salaire différé aux travailleurs et aux travailleuses et à les améliorer au fil des ans.

Il y a deux grandes familles de régimes complémentaires de retraite : les *régimes à prestations déterminées* (PD), qui garantissent une rente le reste de la vie durant, et les *régimes à cotisation déterminée* (CD), qui sont essentiellement des régimes d'épargne. Le tableau de la page suivante résume les principales différences entre ces deux grandes familles de régimes.

Dans un contexte syndiqué, l'introduction d'un régime complémentaire et les améliorations ultérieures se discutent habituellement dans le cadre de la négociation pour le renouvellement de la convention collective.

Les syndicats : en faveur des régimes à prestations déterminées

Le mouvement syndical a historiquement favorisé la négociation de régimes PD plutôt que des régimes à cotisations déterminées et ce, pour plusieurs raisons :

1. La formule de rente et les prestations offertes par le régime sont *garanties pour le reste de la vie*

Tableau II

Prestations déterminées versus cotisations déterminées : c'est quoi la différence ?

	Prestations déterminées (PD)	Cotisations déterminées (CD)
Principales caractéristiques	La rente acquise ou en cours de versement est garantie le reste de la vie durant, quel que soit le rendement ou la situation financière. La cotisation varie en fonction de l'évolution du coût de la rente ou lors d'un déficit actuariel. **Le régime supporte le risque.**	La cotisation est connue à l'avance et fixe. Le capital accumulé et la rente éventuelle dépendent du rendement de la caisse, et peuvent augmenter ou diminuer selon le rendement de la caisse. **Chaque membre supporte le risque.**
Exemples	2% par année de service sur le salaire des 5 meilleures années. 60$ par mois par année de service. 10$ de rente annuelle garantie pour chaque 100$ de cotisation.	L'employeur et la personne salariée cotisent chacun 5% du salaire à la caisse de retraite. Le salarié choisit de verser une cotisation entre 0 et 5% de son salaire et l'employeur verse alors une cotisation égale.
Appellations usuelles	Régime à prestations déterminées. Régime de retraite par financement salarial.	Régime à cotisation déterminée. Régime de retraite simplifié. Régime enregistré d'épargne-retraite (REER, CRI, FERR ou FRV). Régime à prestations cibles

durant, sont connues à l'avance et peuvent être améliorées d'une négociation à l'autre.

2. Sauf en cas de faillite, *la loi protège les droits acquis des participants actifs et des retraités pour le service passé et ceux-ci ne peuvent donc pas être réduits.*

3. *On en a plus pour son argent !* Diverses études comparant les deux types de régimes arrivent à la conclusion que, pour un même niveau de cotisation, *le régime PD est en mesure de verser des rentes deux fois plus élevées qu'un régime CD*[1]. Pour le

---

1. Donald Fuerst, *Mercer Perspective on Retirement. Defined Benefit Plans: Still a Good Solution?*, New York, Mercer Resource Counsulting, April 2004, < www.calstrs.com/PensionIssues/Documents/DBSolution.pdf >; Beth Almeida and William B. Fornia, *A Better Bang for the Buck. The Economic Efficiencies of Defined Benefit Pension Plans*, Washington, National Institute on Retirement Security, 2008.

syndicat, mais aussi pour l'employeur, un régime de retraite PD est un outil intéressant de gestion des ressources humaines, car *il favorise la rétention de la main-d'œuvre* et s'avère particulièrement *intéressant pour l'entreprise en période de restructuration.*

4. En raison du caractère collectif des régimes PD, la gestion du *capital des travailleurs et des travailleuses* que constituent les caisses de retraite est assurée collectivement sous la responsabilité du comité de retraite qui doit s'assurer que l'argent sera là pour payer l'ensemble des rentes promises.

5. Les régimes CD ont eu généralement tendance à offrir à leurs participantEs une série d'options individuelles de placement. Ils transfèrent ainsi au participantE la responsabilité de l'évaluation et du choix des options de placement sur la gestion desquels il ou elle n'est pas en mesure, ni individuellement ni collectivement, d'exercer le moindre contrôle ou la moindre influence, car gérés par des institutions financières sur la base de politiques de placement ne relevant que d'elles. *Le régime de retraite par financement salarial, un régime PD adapté à un environnement de PME et d'entreprises qui ne sont pas en mesure de supporter le risque d'un régime PD conventionnel.*

Cette nette préférence des syndicats pour les régimes PD évoquée plus haut est aussi ce qui a amené la FTQ à demander et obtenir du gouvernement québécois la mise sur place à compter de 2007 d'une réglementation permettant la mise sur pied d'un nouveau type de régime PD, le Régime de retraite par financement salarial (RRFS)[1]. Le cadre réglementaire élaboré par la Régie des rentes du Québec contient plusieurs dispositions axées sur la sécurité et la pérennité de ces régimes.

L'attaque contre les régimes à prestations déterminées : transférer et faire supporter le risque par chaque travailleur et retraité

Notre système de retraite repose sur des régimes publics qui assurent un revenu minimaliste à la retraite et doivent être complétés par des régimes complémentaires au niveau de l'entreprise pour assurer l'objectif d'assurer le maintien du niveau de vie à la retraite. C'était du moins le compromis social convenu dans les années 1960 et réitéré par la suite à la fin des années 1970 par les entreprises pour éviter de devoir contribuer à des régimes publics plus généreux. Dans les faits, le taux de couverture des régimes complémentaires a fortement diminué au cours des 20 dernières années : à peine quatre travailleurs et travailleuses sur dix sont couvertes par un régime complémentaire de retraite tandis que six ne le sont pas.

Un changement important se profile toutefois depuis un certain nombre d'années et risque de s'accélérer, surtout à la lumière d'initiatives en cours au plan réglementaire. En effet, un nombre croissant de travailleurs et de travailleuses couvertes par un régime complémentaire sont couverts par un régime

---

1. Pour plus de renseignements sur ce type de régime, voir Michel Lizée, « Une innovation conciliant sécurité des prestations et stabilité des cotisations : l'expérience québécoise des RRFS », *Revue Vie économique*, vol. 2, n° 4, 2011, < www.eve.coop/?a=99 >.

CD plutôt qu'un régime PD. En 30 ans, le pourcentage de travailleurs et de travailleuses du secteur privé participant à un régime PD a baissé de 30 % à 15 %.

Plusieurs raisons expliquent cette baisse des régimes PD.

Beaucoup d'employeurs ont envisagé de terminer purement et simplement leur régime de retraite PD mais, outre l'opposition du syndicat qu'ils auraient eu à confronter, terminer le régime les aurait forcés à verser immédiatement à la caisse 100 % du déficit, une option peu attrayante à leurs yeux. Il leur faut donc attendre que le régime soit revenu en équilibre pour envisager de le terminer.

Les employeurs ont également multiplié la mise en place de clauses dites « orphelin » selon lesquelles les travailleurs et travailleuses en place conservent leur régime PD tandis que les futurs salariéEs, les jeunes, doivent adhérer à un régime à cotisation déterminé où le niveau de la cotisation est une fraction, souvent bien moins de la moitié, du coût du régime PD : moins d'argent et plus de risques pour eux !

Dans d'autres cas, les employeurs ont imposé à la partie syndicale que le régime PD cesse d'accumuler des droits à compter d'une certaine date et que le service futur se fasse dans le cadre d'un régime CD. C'est ce qui est arrivé en 2005 aux 150 000 travailleurs et travailleuses de l'industrie de la construction.

Toutefois, comme ce transfert de risque des employeurs vers chaque travailleur, travailleuse et retraitéE n'allait pas encore assez vite, le gouvernement Charest va annoncer en 2012 l'implantation d'un nouveau type de régime CD appelé le régime à prestations cibles. Ce régime CD ressemble à s'y

méprendre à un régime PD en parlant de rente pro-
mise ou de taux de cotisation requis, mais sa logique
est très simple : s'il y a à une date donnée un déficit actuariel de disons 10 %, la cotisation ne sera pas
changée, on réduira plutôt les rentes acquises par les
cotisants et les chèques de rentes versés aux personnes
retraitées de 10 % et voilà ! Le déficit vient de dispa-
raître par enchantement.

Conclusion

Avec l'allongement de l'espérance de vie, la sécurité
du revenu à la retraite devient un enjeu plus important
que jamais. Notre système de retraite actuel, fondé sur
des régimes de retraite publics minimalistes et l'espoir
que les régimes complémentaires de retraite mis sur
pied par les employeurs et l'épargne retraite individuelle parviennent à assurer le maintien du niveau de
vie à la retraite pour tous et toutes est un échec pour
une grande partie des travailleurs et des travailleuses.
Et le statu quo n'est pas une option.

Une première option, mise de l'avant par les organisations syndicales et les groupes communautaires,
de femmes, de personnes retraitées et de jeunes,
demande que l'on améliore les régimes publics, autant
le Supplément de revenu garanti pour les personnes
les plus pauvres que le Régime de rentes du Québec et
le Régime des pensions du Canada. Il y aurait encore
un rôle, mais moins lourd, pour les régimes PD, dont
la conception aurait été révisée pour mieux concilier
sécurité du revenu et stabilité de la cotisation.

L'autre option, actuellement préconisée par les
employeurs, les institutions financières et… le gouvernement Charest propose de faire reposer davantage

le système de retraite sur des mécanismes d'épargne gérés par les institutions financières et d'augmenter ainsi l'insécurité du revenu à la retraite, la vulnérabilité des personnes retraitées aux mouvements de marché et au risque d'espérance de vie en transférant tout les risque vers ceux et celles le moins en mesure de le gérer ou de le subir, les travailleurs, les travailleuses et les personnes retraitées. On peut aussi s'attendre dans un tel contexte à un assaut pour relever progressivement l'âge de la retraite.

Le système québécois de retraite est *vraiment* à la croisée des chemins.

La gestion des ressources naturelles non renouvelables

Normand Mousseau

A LORS que le premier ministre Jean Charest parcourt la planète pour faire la promotion du Plan Nord et que le prix des minerais se maintient à des niveaux historiques, il est plus que temps de s'intéresser à notre gestion de ces ressources et à leur valorisation optimale pour leurs propriétaires réels, c'est-à-dire l'ensemble des citoyenNEs actuels et à venir du Québec.

Contrairement aux positions adoptées par les grandes minières, mais aussi par les différents paliers de gouvernement, il n'y a pas de raison d'offrir des conditions particulièrement favorables à l'industrie minière et d'accepter de brader des ressources non renouvelables pour quelques emplois.

La spécificité des ressources naturelles non renouvelables tient à deux propriétés. Tout d'abord, dans de nombreux pays, ces ressources, qu'il s'agisse de pétrole, de gaz ou de minerai, appartiennent aux États et, par delà, à leurs citoyenNEs. C'est le cas, entre autres pour la majorité des provinces canadiennes, dont le Québec. C'est donc dire que les gouvernements de ces États sont les seuls propriétaires de la ressource au nom de leurs citoyenNEs. Ensuite, contrairement à l'eau, au vent, à la forêt et, jusqu'à un certain point, au territoire, le caractère non renouvelable de ces ressources impose, de plus, une contrainte multigénérationnelle. Toute exploitation devrait être optimisée non seulement en fonction du rendement à court terme, mais aussi en considérant le rendement pour les générations futures.

Faute d'un cadre approprié pour faire ce calcul, et parce que les électeurs et les électrices à venir ne votent pas, peu de gouvernements se sont donné la peine d'incorporer à une telle réflexion dans le cadre de l'exploitation des ressources naturelles non renouvelables. On se contente généralement de planifier à court terme, sur quelques années seulement, en accordant la priorité à la création d'emplois et aux investissements dans l'économie locale, régionale ou nationale.

Dans un tel contexte, quelle devrait être le modèle idéal de gestion de ressources naturelles minières? Avant de répondre à cette question, il est utile de jeter un coup d'oeil à ce qui se fait dans le monde.

Quelques exemples internationaux : les cas de l'Australie, du Chili et du Pérou

Un rapport récent de la Banque mondiale sur les redevances minières[1] souligne que, après une course

---

1. James Otto, Craig Andrews, Fred Cawood, Michael Doggett, Pietro Guj, Frank Stermole, John Stermole et John Tilton, *Mining Royalties. A Global Study of Their Impact on Investors, Government, and Civil Society*, World Bank, Washington, 2006.

folle dans les années 1980 et 1990 alors que les pays
riches en ressources minières multipliaient les cadeaux
afin d'attirer les investisseurs étrangers, on assiste,
depuis une dizaine d'années, à un changement d'attitude. Les emplois et les retombées indirectes de ces
investissements massifs n'apparaissent plus compenser les coûts sociaux et environnementaux et rétribuer
correctement les propriétaires de ces ressources. Nous
verrons ici le cas de trois pays. Deux de ceux-ci, le
Pérou et le Chili, qui n'imposaient aucune redevance
minière, ont récemment changé leur fusil d'épaule.
L'Australie, de son côté, a revu à la hausse les diverses
redevances et taxes afin de profiter également du prix
élevé du minerai de fer depuis quelques années.

En 2004, renversant la tendance de la décennie
précédente, le Pérou a mis en place son premier système de redevances minières. Avec un taux relativement faible, entre 1 et 3 % de la valeur du minerai,
ce système se démarque surtout par son but. En effet,
l'argent ainsi récolté doit servir au financement ou
au cofinancement d'investissements de projets de
production qui permettront aux régions minières de
soutenir un développement économique durable. Ce
faisant, le Pérou reconnaît à la fois l'impact dévastateur pour les régions minières des cycles économiques
majeurs auxquels fait face cette industrie et la nécessité de compenser de manière durable la société pour
l'extraction de matières premières non renouvelables.

Quelques années plus tard, après de longs débats,
le Chili, premier producteur de cuivre au monde,
est également passé à l'action, imposant son premier
régime de redevances. Si une partie de l'exploitation
est contrôlée par la société d'État Codelco, les sociétés

privées ont pris une part de plus en plus importante dans l'extraction du cuivre depuis le début des années 1990 et représentent environ 80 % de la production aujourd'hui. Dans un premier temps, le gouvernement chilien a imposé un taux de redevance de 4 % sur les bénéfices d'opération. Ce taux a été relevé en 2010 pour atteindre une fourchette de 5 à 9 % des bénéfices d'opération. Cette augmentation importante fut justifiée par la nécessité de financer les travaux de reconstruction qui doivent permettre au pays de se relever du tremblement de terre qui l'a frappé en 2010. Si cette conjoncture fut nécessaire pour faire passer la pilule auprès des grandes minières étrangères, on s'aperçoit que le Chili suit ici l'exemple du Pérou, en dédiant, au moins partiellement, les revenus de l'extraction minière au développement économique à long terme.

Bien que de nombreux autres pays, en plus du Pérou et du Chili, aient emboîté le pas et augmenté leurs revenus miniers, l'Australie semble être à l'avant-garde du mouvement. Ce pays continent, deuxième plus grand producteur de minerai de fer, après le Brésil, et premier exportateur sur la planète, s'approche aussi, de par son économie diversifiée et sa stabilité politique, du Québec. Dans ce pays fédéral, l'État d'Australie occidentale fait lui-même figure de meneur. La production minière de cet État de 2,3 millions d'habitants a dépassé le cap des 70 milliards de dollars en 2010, soit 10 fois plus que le Québec. Grâce à une redevance sur la valeur du minerai dont le taux varie de 2,5 à 7,5 % sur la valeur du minerai, le gouvernement a pu récupérer plus de quatre milliards de dollars sur la production non pétrolière, ce qui représente un taux moyen de 5,5 % et une contribution de plus de 20 % au budget de l'État!

Et ce n'est pas tout! Le gouvernement fédéral a également instauré une taxe de 30 % sur les profits de l'industrie d'extraction du fer et du charbon qui s'ajoute aux redevances et aux impôts sur les entreprises. Bien que cette nouvelle taxe, qui entre en vigueur en juillet 2012, accorde de nombreux reports, réductions et exemptions, elle montre que l'Australie ne croit pas que l'industrie minière devrait bénéficier d'un traitement de faveur, mais a plutôt l'obligation de contribuer à l'enrichissement collectif des Australiens.

Si l'Australie occidentale gère ses revenus miniers à la petite semaine, comme l'Alberta et le Québec, elle cherche tout de même à favoriser la transformation locale, dont l'impact économique et social est souvent beaucoup plus important que l'extraction. Pour ce faire, elle ajuste le niveau de la redevance en fonction du niveau de transformation. Ainsi, le minerai brut commandera une redevance de 7,5 % alors le métal raffiné ne coûtera que 2,5 % de la valeur du produit. Le minerai de fer, qui représente la portion congrue de la production minière avec une valeur de 48,5 milliards de dollars australiens, a, bien sûr, droit à un traitement particulier : 7,5 % pour le minerai en morceau, 5,625 % pour le minerai broyé et 5 % pour le minerai concentré par un processus plus que minimaliste. Toujours dans le but d'augmenter la transformation sur place, l'Australie occidentale a annoncé en 2011 que le tarif pour le minerai broyé sera ramené à 7,5 %, une annonce qui n'a pas particulièrement plu à l'industrie.

Le modèle québécois

Si, de tout temps, le Québec a été perçu comme un fournisseur de matières premières, l'exploitation à grande échelle des ressources minérales au Québec ne commence réellement qu'au milieu du XIXᵉ siècle, suivant un mouvement mondial qui accompagne la révolution industrielle. Sans surprise, les premières mines d'or, de cuivre, d'amiante et de soufre se retrouvent dans le sud du Québec, près des grandes voies de navigation.

Avec l'ampleur du développement, le gouvernement du Québec s'aperçoit qu'il lui faut encadrer cette industrie et, en 1880, il vote l'Acte général des mines du Québec, qui transfère la propriété du sous-sol de la province au gouvernement. Avec cette première loi sur les mines, l'État québécois prenait le contrôle de son territoire en établissant un système de permis d'exploration et d'exploitation et de redevances. Ce contrôle demeure léger, car le principe du *free mining* laisse la totalité du territoire ouvert à l'exploration minière et relativement peu de jeu au ministre pour refuser une demande de permis. Cent trente ans plus tard, ce principe s'applique toujours à l'industrie minière ainsi qu'au secteur gaz et pétrole, alors que les autres provinces ont plutôt adopté, au moins dans le secteur gaz et pétrole, une approche de gestion beaucoup plus dirigiste selon laquelle les permis sont accordés sur des territoires limités lors d'enchères publiques.

Dès le début de l'aventure minière, Québec se satisfait d'un rôle de facilitateur pour la venue de capitaux étrangers et les premières minières appartiennent à des intérêts canadiens-anglais, états-uniens et britanniques. Cette situation n'a guère changé, ou si peu. Encore aujourd'hui, le premier ministre du Québec continue de faire la tournée des grandes capitales mondiales afin d'attirer des investisseurs étrangers et de les convaincre de venir exploiter nos ressources naturelles. Il n'est pas surprenant alors que, selon le *Fraser Institute*, une boîte de propagande néolibérale financée à même nos impôts, le Québec se classât en 2010 dans le peloton de tête des territoires les plus favorables à l'industrie minière, en troisième place derrière l'Alberta et la Finlande, mais devant, entre autres, les États australiens, pourtant de beaucoup plus importants producteurs miniers.

Si ce classement est une bonne nouvelle pour les grands investisseurs, il indique aussi que l'État ne retire pas une juste rétribution pour l'exploitation de ressources qui appartiennent à la collectivité comme l'a noté le vérificateur général du Québec dans un rapport accablant publié en avril 2009.

Alors qu'on tend à favoriser, à l'étranger, une redevance basée sur la valeur du minerai extrait, comme c'est le cas au Chili, au Pérou et en Australie occidentale, le Québec impose sa redevance sur les profits des minières. Bien que recommandée par les économistes, cette taxe est beaucoup plus difficile à imposer, car les grandes multinationales disposent de nombreux stratagèmes pour déplacer les profits là où ils sont le moins imposés. C'est ce qu'a observé le vérificateur général : en débit d'un taux de redevance fixé à 12 %, les minières n'ont versé, entre 2002 et 2008 que 259 millions de dollars sur une production totale de plus de 17 milliards, soit à 1,5 % de la valeur de la production. Malgré une augmentation rapide du prix des minerais, dont la valeur de production a atteint 6 milliards de dollars en 2008-2009, l'industrie n'a payé que 31 millions de dollars en redevance, équivalent à un taux de 0,5 % sur la valeur de la production, soit 15 fois moins que l'Australie occidentale! Cette situation est rendue possible grâce aux possibilités de manipulations de la part des minières, bien sûr, mais aussi à la multiplication des exemptions, des subventions directes et indirectes, des crédits d'impôt remboursables ou non et des traitements particuliers qui réduisent les redevances officielles à une poignée d'écots.

À la suite de ce rapport, le gouvernement de Jean Charest a annoncé une série de mesures permettant de relever le niveau effectif de redevance, en éliminant quelques échappatoires et en remontant le taux de redevance sur les profits miniers à 16 %. Résultat : selon le ministre des Finances, en 2010-2011, les minières auraient payé 304 millions de dollars de redevance, ce qui équivaut à un taux de 4,5 % de la valeur du minerai exploité. Ce chiffre avancé par le ministre représente une amélioration considérable par rapport aux résultats antérieurs, mais il ne tient pas compte, toutefois, des divers allégements fiscaux dont bénéficient toujours les minières et qui sont dénoncés par le vérificateur général.

Cette situation de déséquilibre est inacceptable aujourd'hui, car de nombreux facteurs favorisent l'instauration d'un meilleur rapport de force entre minières et gouvernements. Tout d'abord, avec la diversification de l'économie québécoise, le secteur minier représente aujourd'hui moins de 3 % du PIB de la province et n'emploie qu'environ 1,5 % de ses travailleurs et travailleuses. La pression pour accepter des accords léonins devrait donc être nettement moins forte qu'il y a quelques décennies.

De plus, malgré la privatisation de nombreuses industries minières autrefois contrôlées par les États, que ce soit dans l'ancienne URSS ou de nombreux pays en voie de développement, la stabilité politique et un système légal indépendant représentent un réel avantage pour l'Australie, le Canada, l'Afrique du Sud et les États-Unis.

Finalement, la croissance économique mondiale, tirée par la Chine et l'Inde, s'appuie directement sur une consommation toujours plus importante des ressources naturelles.

Penser à long terme

Malgré le grand nombre pays producteurs de minerais, il existe très peu d'exemples de gestion à long terme sur lesquels s'appuyer. Ainsi, le rapport de la Banque mondiale mentionné plus tôt réussit à éviter la question presque complètement en plus de 300 pages.

Cette absence est généralement justifiée par la nature même de la ressource : contrairement aux hydrocarbures comme le gaz et le pétrole, les investissements de départ dans le secteur minier sont lourds, les cours encore plus volatiles que ceux du pétrole et du gaz, et la transformation beaucoup plus coûteuse. Même la Norvège, dont le fonds souverain financé par les revenus directs de l'exploitation du gaz naturel et du pétrole de la mer du Nord, est l'exemple le mieux réussi d'une gestion à long terme des ressources naturelles, refuse d'appliquer ce modèle à son développement minier.

Malgré cette opinion généralisée, il ne faut tout de même pas exagérer les différences entre le secteur des hydrocarbures et le secteur minier. À la suite de la première guerre d'Irak, par exemple, le prix du pétrole et du gaz s'est maintenu, de 1993 à 2000, à un prix très faible, aux alentours de 20 dollars le baril. De même, l'exploitation du pétrole en eaux profondes ou dans les sables bitumineux exige des investissements très élevés tout à fait comparables à ceux effectués par les minières.

Que doit faire le Québec?

Avec l'annonce en grandes pompes de son Plan Nord en juin 2011, le gouvernement Charest ouvre officiellement le nord du Québec à l'exploitation minière à grande échelle, avant même que le dépôt du projet de loi mettant à jour l'encadrement juridique de l'industrie minière soit mis en place. Depuis, le gouvernement est très clair : il n'a aucune intention de faire plus que des ajustements à cette une loi vieillotte, sans revoir en profondeur les principes de celle-ci. Il n'a également aucune intention de réviser la question des redevances, considérant que la haute de la taxe sur les profits de 12 à 16 % a résolu le problème.

Or, tout le système d'accès au territoire, de permis, de tarifs, de redevances et de propriété doit être révisé afin d'assurer que les citoyenNEs d'aujourd'hui et futurs, bénéficient au maximum de la rente minière. Le *free mining* empêche une gestion volontaire de la part du gouvernement québécois ou des régions ; les prix des permis d'exploration et d'exploitation, de même que les exigences d'investissement demeurent parmi les plus bas au monde. Quant aux redevances, si le modèle basé sur les profits est le préféré des économistes néolibéraux, la tendance mondiale est pour une redevance sur la valeur du minerai avec, peut-être, une surtaxe sur les profits particulièrement élevés. On le voit avec l'Australie occidentale, il est également possible d'utiliser le niveau de redevance pour favoriser le développement d'une industrie locale de transformation, une avenue généralement négligée par le gouvernement.

Puisque le niveau maximal de redevance est déterminé, en partie, par la compétition des autres pays, toute augmentation significative de la rente minière doit passer par une participation accrue dans le capital des sociétés d'exploration et d'exploitation. Celle-ci peut se faire via des sociétés d'État gérant 100 % de l'exploitation de certaines mines, via une prise de participation majoritaire ou un investissement minoritaire. La première solution est de moins en moins adoptée. Les fluctuations importantes dans le cours des métaux font que les risques apparaissent souvent trop élevés pour les électeurs et les gestionnaires gouvernementaux. De plus, l'ampleur des investissements à faire pour valoriser un gisement et commencer l'exploration exige d'avancer des sommes considérables qui compteront directement dans la colonne déficit de l'État.

Au Québec, toutefois, on ne recule pas devant la prise de participation et la Caisse de dépôt et Investissement Québec sont partenaires de nombreuses mines. Ces prises de participations ne s'accompagnent malheureusement pas d'une vision intégrée de développement. Ainsi, Investissement Québec, qui détient plus de 60 % de la mine d'apatite Arnaud dans la région de Sept-Îles, ne semble avoir aucune objection à ce que le minerai brut soit exporté en Norvège pour transformation secondaire, lorsqu'elle commencera ses activités d'ici quelques années. Cherchez l'erreur !

Pendant ce temps, le gouvernement du Québec continue de subventionner massivement cette industrie. Encore récemment, il annonçait la signature d'une entente pour l'expansion de l'aluminerie Alouette 3 et la fourniture de 500 mégawatts durant 30 ans au tarif L de grande entreprise, soit 4,2 cents/kW, ce qui équivaut, en tenant compte du de production de cette électricité, à une subvention directe de 241 millions de dollars par année (7,2 milliards sur trente ans) soit presque autant que l'ensemble des redevances minières en 2010-2011[1]. Québec doit aussi nettoyer les dommages environnementaux des mines fermées, ce qui lui coûtera également des sommes considérables.

Conclusion

La question des redevances minières permet trop souvent de cacher l'ensemble de la problématique de l'exploitation minière. Ce qu'il faut c'est un portrait global des coûts et des revenus de divers modèles de gestion de ces ressources afin d'optimiser le rendement pour la société d'aujourd'hui, mais également de demain. Au cours de la dernière décennie, de nombreux pays ont commencé à réviser leur relation face à une industrie qui ne cesse de prendre de l'ampleur

---

1. Denis Villeneuve, « Québec se prive de centaines de millions $ », *Le Quotidien*, 11 novembre 2011.

à travers la planète. Cette révision nous vient souvent de pays historiquement à droite, tels que le Chili et l'Australie, qui admettent enfin que ces ressources appartiennent à leurs citoyens et qu'ils ont donc un devoir de s'assurer qu'elles rapportent de manière optimale. Aucun gouvernement n'a encore trouvé la recette idéale et seule une réflexion en profondeur nourrie par l'exemple des autres et nos propres particularités nous permettra de développer un modèle économique, social et environnemental qui nous satisfait. Rien ne presse pour exploiter ces ressources, l'économie du Québec est diversifiée, l'industrie minière, importante dans plusieurs régions, pèse relativement peu dans notre économie totale et les ressources qui dorment sous nos pieds ne peuvent que prendre de la valeur au fil du temps. Plutôt que d'ouvrir toutes grandes nos portes aux investisseurs étrangers et de signer des contrats désavantageux en fonction de la prochaine élection, nous avons grand intérêt à nous demander comment prendre le contrôle de cette ressource éminemment épuisable.

Bibliographie

González, Patricia, *Mining Royalties*, Montevideo, International Development Research Center, 2004.

Handal, Lara, *Le soutien à l'industrie minière : quels bénéfices pour les contribuables ?* Institut de recherche et d'informations socio-économiques (2010).

Interventions gouvernementales dans le secteur minier, Rapport du vérificateur général du Québec, 2008-2009.

Minerals Resource Rent Tax. Explanatory Material, The Treasury, Gouvernement d'Australie, 10 juin 2011.

Mousseau, Normand, *La révolution des gaz de schiste*, Sainte-Foy, Multimondes, 2010.

Otto, James, Craig Andrews, Fred Cawood, Michael Doggett, Pietro Guj, Frank Stermole, John Stermole et John Tilton, *Mining Royalties. A Global Study of Their Impact on Investors, Government, and Civil Society*, Washington, World Bank, 2006.

Conclusion

Pour une société plus égalitaire!

Josée Lamoureux

L A CROISSANCE des inégalités de revenus est certainement l'un des faits marquants des dernières
décennies et sans doute la conséquence la plus importante des politiques dénoncées dans cet ouvrage.
Selon deux études récentes de l'Organisation de coopération et de développement économique (OCDE),
peu de pays y ont échappé[1]. Après un recul depuis la
fin de la Seconde Guerre mondiale jusqu'aux années
1980, les inégalités sont reparties à la hausse.

L'élargissement du fossé entre les riches et les
pauvres a été particulièrement spectaculaire aux États-
Unis. Les écarts de richesse atteignent aujourd'hui des
niveaux jamais vus depuis la crise de 1929. Le mouvement « Occupons Wall Street » a donné une visibilité
à cette recrudescence des inégalités. Son slogan « Nous

---

1. Voir OCDE, *Croissance et inégalités. Distribution des revenus
   et pauvreté dans les pays de l'OCDE*, Paris, 2008 ; OCDE,
   Divided We Stand. Why Inequality Keeps Rising, Paris, 2011.

sommes les 99 % » illustre bien la cassure sociale cau-
sée par une concentration excessive de la richesse.

La trajectoire canadienne est similaire à celle de
notre voisin du sud. Tous les indicateurs d'inégalités économiques sont en hausse. Le Canada figure
aujourd'hui comme l'un des pays les plus inégali-
taires de l'OCDE.

Le Québec : société distincte ?

La société québécoise est souvent présentée comme
la championne de la lutte aux inégalités en Amérique
du Nord. La répartition du revenu disponible, c'est-
à-dire une fois pris en compte les impôts et les programmes gouvernementaux de transfert, y serait
beaucoup plus équitable. En 2008, le revenu disponible moyen des 20 % les plus riches était 4,7 fois
supérieur à celui des 20 % les plus pauvres. C'est effectivement mieux que la moyenne canadienne (5,6) ou
états-unienne (7,7).

Doit-on en conclure que tout va bien ? Pas nécessairement. Si on élargit la comparaison aux pays de
l'OCDE, le Québec n'est pas dans le peloton de tête.
Il se situe plutôt au centre avec l'Allemagne (4,5) ou
la France (4,3). Plusieurs pays font mieux que nous.
C'est le cas des pays de l'Europe du Nord comme
le Danemark (3,5), la Suède (3,9) ou la Norvège
(3,7)[1].

Par ailleurs, le mouvement à la hausse des inégalités n'a pas épargné la société québécoise, même si
l'augmentation demeure modérée comparativement
au reste du Canada. De 1985 à 2008, le coefficient de

---

1. *Ibid.*, p. 45.

Gini[1] a augmenté de 8%, passant de 0,276 à 0,299. Sur une plus longue période, on remarque que les inégalités ont essentiellement progressé dans les années 1990, alors qu'elles étaient en recul du milieu des années 1970 jusqu'à la fin des années 1980. Le plus bas niveau a été atteint en 1989. Depuis les années 2000, elles semblent s'être stabilisées, mais à un niveau supérieur de celui des décennies antérieures[2].

Graphique I

**Coefficient de Gini après impôt
Canada et Québec, 1976 à 2008**

Source : Statistique Canada, tableau 202-0709. Le revenu est ajusté pour tenir compte de la taille des familles.

Depuis les vingt-cinq dernières années, les fruits de la croissance économique ont été très mal partagés. L'augmentation des revenus de l'ensemble des travailleurs et des travailleuses a été relativement modérée,

1. Le coefficient de Gini est une mesure de l'inégalité des revenus. Il se situe entre 0 et 1. Plus il approche de 1, plus la société est inégalitaire. Dans les pays industrialisés, il oscille généralement entre 0,2 et 0,4.
2. Voir Stéphane Crespo, *L'inégalité de revenus au Québec, 1979-2004. Les contributions de composantes de revenu selon le cycle économique*, Institut de la statistique du Québec, septembre 2007.

voire en recul dans certains cas. Par contre, celle des très hauts salariés a été particulièrement rapide. Le cas états-unien demeure exceptionnel. Entre 1980 et 2007, la part du revenu national avant impôt du 1 % des États-Uniens les plus fortunés a plus que doublé passant de 8 % à 18 %. En tenant compte des gains en capitaux, on parle de 24 %. Cela dit, les riches vivant au Canada ne sont pas à plaindre. Une étude récente de Mike Veall, économiste à la McMaster University, révèle qu'en 1982, le 1 % des plus fortunés détenait 8 % du revenu national. Cette portion a grimpé à 14 % en 2007. Il s'agit d'une hausse de 75 % !

La concentration de la richesse est moins excessive au Québec, mais la tendance est similaire. La part du 1 % des plus riches est passée de 7 % en 1982 à 11 % en 2007 pour une croissance de 57 %[1]. À l'échelle nord-américaine, ces ratios apparaissent modestes. À l'échelle de la zone OCDE, cela est moins vrai. Encore une fois, plusieurs pays européens font mieux que le Québec. C'est le cas de la Suède (6,9 %), du Danemark (7,4 %), de la Norvège (7,1 %) et de la Belgique (7,7 %)[2].

Ce qui a changé

Bien que le profil des inégalités diverge d'un pays à l'autre, certains constats font consensus. D'abord,

---

1. Mike Veall, *Top Income Shares in Canada. Updates and Extension*, Working Paper Department of Economics, McMaster University, 2010, <http://worthwhile.typepad.com/veal.pdf>.
2. OCDE, *op. cit*, 2011, p. 349. L'année de référence est 2007 sauf pour la Belgique qui est de 2006.

le creusement des écarts est largement imputable à l'évolution des salaires. Le marché du travail est de plus en plus inégalitaire. Ensuite, les inégalités ne proviennent pas tant de l'appauvrissement des plus démunis que du décollage des plus riches. Autrement dit, elles se creusent par le haut. Enfin, la redistribution demeure importante, mais elle est moins efficace. Elle ne parvient plus à corriger les disparités induites par le marché et tout particulièrement les inégalités salariales.

Qu'est-ce qui a changé? Pour les économistes néoclassiques, la répartition plus inégalitaire des revenus est essentiellement la résultante des changements technologiques et des différences dans les niveaux d'éducation. En un mot, ils estiment que la diffusion des technologies de l'information et des communications (TIC) a accentué les écarts de rémunération entre les personnes qui savent manier les nouvelles technologies et celles qui sont peu scolarisées. Cette thèse a tout pour séduire les partisans du moins d'État. Puisque la hausse des inégalités provient des évolutions technologiques et que les gouvernements n'y peuvent pas grand-chose, la seule chose à faire est de valoriser l'éducation et d'espérer que les choses se rétablissent d'elles-mêmes[1].

Cette explication est pour le moins incomplète. Le progrès technologique a touché l'ensemble des pays industrialisés. Or, les niveaux d'inégalités demeurent fort variés d'un pays à l'autre. De plus,

---

1. Voir Pierre Laliberté, « Éditorial », *Journal international de recherche syndicale*, vol 3, nº 2, 2011, p. 179-184, < www.ilo. org/wcmsp5/groups/public/---ed_dialogue/---actrav/documents/publication/wcms_168757.pdf >.

cette thèse explique mal les salaires exorbitants de certains grands dirigeants. Il est en effet difficile de prétendre que leur rémunération reflète leurs compétences et la qualité de leur travail quand ils gagnent près de 190 fois le salaire industriel moyen[1]. Est-ce que cela veut dire que l'éducation et les compétences professionnelles ne sont pas des déterminants importants des disparités de revenus sur le marché du travail ? Certainement pas. Mais cet argument est loin d'être suffisant.

L'influence de la mondialisation économique est maintenant mieux reconnue. On sait que l'intégration commerciale, la libéralisation financière, les transferts de technologies, la sous-traitance et les délocalisations d'activités ont fait des gagnants, mais aussi beaucoup de perdants. La présence dans le commerce international de pays à bas coûts de main-d'œuvre a considérablement affaibli le rapport de force des travailleurs peu qualifiés et exercé d'importantes pressions à la baisse sur l'ensemble de leur rémunération.

Des changements institutionnels aggravants

La mondialisation n'est pas seule en cause. De nombreux travaux ont montré que certaines transformations institutionnelles initiées dans les années 1980 et qui se sont poursuivies dans les décennies suivantes ont fortement influé sur la répartition des revenus. La déréglementation du marché du travail, le développement du travail atypique, la progression

---

1. Voir Hugh Mackenzie, *Canada's CEO Elite 100. The 0.01 %*, Centre canadien de politiques alternatives, janvier 2012.

des emplois à temps partiel mal protégés, le recul de la syndicalisation et du nombre de personnes couvertes par une convention collective, le gel ou l'indexation partiel du salaire minimum sont autant de facteurs qui ont renforcé les inégalités.

Les cadres et autres grands dirigeants d'entreprises ont quant à eux largement profité de la diffusion d'un nouveau mode de gouvernance axé sur la création de valeur pour les actionnaires. Outre d'inclure des salaires très élevés, leur rémunération se compose maintenant de fabuleux bonus et de généreux *stock options* (options d'achat des actions de l'entreprise). L'essor de la sphère financière et les prodigieux rendements boursiers des dernières décennies ont dopé les revenus des plus fortunés, amplifiant d'autant les inégalités.

Des changements institutionnels importants ont aussi touché la redistribution des revenus. La fiscalité, les programmes de soutien du revenu et les services publics jouent un rôle essentiel dans la lutte aux inégalités. Or, depuis les années 1990, ces leviers fiscaux et sociaux ont perdu de leur efficacité. Plusieurs programmes sociaux ont été réduits. C'est le cas notamment du programme d'assurance-emploi qui, sous prétexte d'inciter un retour rapide en emploi, a été considérablement amputé. Résultat : le niveau des prestations a fortement diminué et le taux de couverture est passé de 80 % au début des années 1990 à moins de 50 % aujourd'hui.

Parallèlement, les gouvernements ont accordé des réductions d'impôts qui ont avantagé les plus nantis. Le recours croissant à des prélèvements plus régressifs, comme les taxes à la consommation et autres

tarifs, affecte plus lourdement les individus à faible
et moyen revenu.

Bien que l'impact soit plus difficilement mesu-
rable, on admet maintenant que l'accès à des services
publics de qualité gratuits ou à très faible prix (santé,
éducation, services de garde, logement social, transport collectif, etc.) est un facteur de réduction des inégalités. Depuis des années, ces services font l'objet de
réformes. Privatisation, hausse des droits de scolarité,
tarification selon le principe de l'utilisateur-payeur,
nous l'avons vu, sont autant de mesures qui accen-
tuent les inégalités sans même avoir fait la preuve de
leur efficacité sur la croissance du coût des services.

Ces transformations relèvent de choix politiques.
Ils sont la résultante de décennies de politiques néolibérales, relayées par de grands organismes internationaux comme l'OCDE ou le FMI. Ils ont renforcé le
pouvoir des entreprises et favorisé un accroissement
du revenu des plus fortunés au détriment de celui de
la majorité des travailleurs et des travailleuses.

Des alternatives existent

La répartition des revenus est la résultante de
dynamiques économiques et politiques complexes.
La bonne nouvelle c'est que les gouvernements ont
encore le pouvoir de l'influencer et de la rendre plus
équitable. Les leviers sont multiples. Ils peuvent offrir
des services publics universels, accessibles et de qualité. Ils peuvent agir par des politiques sociales et des
programmes de transfert qui soutiennent adéquate-
ment le revenu des individus ou des familles vivant
des situations particulières (chômage, exclusion,
maladie, vieillesse). Ils ont le choix de miser sur une

fiscalité progressive qui tient compte de la capacité de payer de chacun. En ce sens, la contribution santé de 200 dollars s'appliquant uniformément à tous les contribuables est le parfait exemple à ne pas faire. Certes, on protège les plus démunis en octroyant des crédits d'impôt. Mais, on pénalise lourdement les personnes à revenu modeste à la faveur des plus fortunés. Cette mesure est particulièrement injuste pour les femmes qui gagnent toujours en moyenne un revenu annuel inférieur à celui des hommes.

Devant l'envolée des rémunérations au sommet de l'échelle salariale, la fiscalité devient un moyen incontournable de lutte aux inégalités, ainsi que nous l'avons constaté dans cet ouvrage. Depuis une dizaine d'années, les pouvoirs publics ont introduit des réductions d'impôt favorables aux plus fortunés, telles que l'abaissement du taux marginal et l'élimination de paliers. Le gouvernement du Québec doit renverser cette tendance en ajoutant un ou plusieurs nouveaux paliers d'imposition pour les particuliers les plus riches. De plus, l'élimination des abris et avantages fiscaux qui ne profitent qu'aux mieux nantis devrait être envisagée.

La redistribution seule n'est pas suffisante. Le gouvernement doit aussi agir sur les écarts de salaires sur le marché du travail. Il faut évidemment améliorer l'accès à l'éducation et soutenir l'employabilité des personnes en misant sur la formation professionnelle et en cours d'emploi. Mais cela n'est pas suffisant. Il faut aussi développer des politiques favorisant la création d'emplois de qualité, instaurer un salaire minimum décent ainsi que soutenir et non pas attaquer la syndicalisation et la négociation collective. Ces pistes sont autant de moyens qui ont fait leurs preuves et qui expliquent que plusieurs pays européens maintiennent des niveaux d'inégalités significativement inférieurs à ceux du Québec.

Une lutte prioritaire

La crise économique et financière de 2008 a suscité un regain d'intérêt pour la répartition des revenus. L'idée que l'approfondissement des inégalités serait un moteur de la crise actuelle se répand. Elle atteint même les grandes organisations internationales comme l'OCDE et le FMI pourtant de farouches partisans du libre marché et de la déréglementation[1].

La crise actuelle est aussi une crise de la pensée économique. Elle a ébranlé de nombreuses certitudes. Depuis les années 1980, la droite tente de nous vendre l'idée que plus d'inégalité est le prix à payer pour un surplus de croissance et d'efficacité économique. Peu importe que les riches s'enrichissent si les pauvres en profitent. L'histoire récente nous prouve que cette idée est non seulement fausse, mais dangereuse.

La croissance des inégalités de revenus est moins marquée au Québec que dans le reste du Canada et il y a lieu de s'en réjouir. Nous avons réussi, grâce à nos programmes sociaux uniques comme l'assurance médicament, les services de garde à sept dollars, les congés parentaux ainsi que par un fort soutien aux familles, un bon système public de santé et de faibles droits de scolarité à faire mieux que nos voisins. Nous avons aussi connu quelques succès au chapitre de la

---

1. Voir Michael Kumhof et Romain Rancière, *Inequality, Leverage and Crises*, IMF Working Paper 10/268, Fonds monétaire international, 2010.

lutte à la pauvreté, principalement chez les familles monoparentales. Cela dit, des sociétés font encore mieux que nous sans sacrifier leur niveau de croissance économique et de développement.

Nous avons souligné que nous sommes loin d'être immunisés contre l'élargissement du fossé entre les riches et les pauvres observé dans l'ensemble des économies capitalistes. Les forces à l'œuvre sont aussi présentes chez nous. Les attaques contre l'intervention de l'État, les services publics, les politiques sociales et les organisations syndicales sont plus virulentes que jamais.

La lutte aux inégalités doit être une priorité. La justice et l'équité ne sont pas des bonnes intentions que nous n'avons pas les moyens de nous offrir. Le prix de fortes inégalités est trop élevé (fracture sociale, criminalité, problèmes de santé, etc.). Évidemment, la volonté politique doit être au rendez-vous. On sait maintenant que les disparités de revenus ne sont pas inéluctables, ni nécessaires au développement économique et social. Ces constats sont un bon point de départ pour contester les recettes de la droite et faire les choses autrement.

Bibliographie

Crespo, Stéphane, *L'inégalité de revenu au Québec, 1979-2004. Les contributions de composantes de revenu selon le cycle économique*, Institut de la statistique du Québec, septembre 2007.

Fortin, Pierre, « Quebec is fairer : There is less poverty and less inequality in Quebec », *Inroads. A Journal of Opinion*, n° 26, 2010.

Kumhof, Michael et Romain Rancière, *Inequality, Leverage and Crises*, IMF Working Paper 10/268, Fonds monétaire international, 2010.

Laliberté, Pierre, « Éditorial », *Journal international de recherche syndicale*, vol 3, n° 2, 2011, p. 179-184.

Lamoureux, Josée, « La lutte aux inégalités : un choix politique », *Revue Vie économique*, vol. 1, n° 4, mai 2010.

Lamoureux, Josée et Gilles L. Bourque, « Les inégalités au Québec : si la tendance se maintient… », *Note d'intervention*, Institut de recherche en économie contemporaine, octobre 2011.

Lemieux, Thomas, « L'évolution des inégalités dans les pays industrialisés », *L'Actualité économique*, vol. 84, n° 3, 2008.

Mackenzie, Hugh, *Canada's CEO Elite 100. The 0.01%*, Centre canadien de politiques alternatives, janvier 2012.

Maurin, Louis, « L'OCDE ausculte les inégalités », *Alternatives économiques*, n° 275, décembre 2008.

OCDE, *Divide We Stand. Why Inequality Keeps Rising*, Paris, 2011.

OCDE, « La montée des inégalités dans les pays riches et émergents », *Problèmes économiques*, Paris, La documentation française, 6 juillet 2011, p. 3-9.

OCDE, *Croissance et inégalités. Distribution des revenus et pauvreté dans les pays de l'OCDE*, Paris, 2008.

Stockhammer, Engelbert, « La croissance induite par les salaires : introduction », *Journal international de recherche syndicale*, vol 3, n° 2, p. 185-209.

Veall, Mike, *Top Income Shares in Canada: Updates and Extension*, Working Paper Department of Economics, McMaster University, 2010, < http://worthwhile.typepad.com/veal.pdf >.

Les auteurEs

PIERRE BEAULNE, économiste pour la Centrale des syndicats du Québec (CSQ), est conseiller pour les dossiers de rémunération des négociations du secteur public et parapublic, chercheur et analyste sur les questions plus générales touchant l'économie et les finances publiques. Il est l'auteur de nombreux articles et commentaires.

BERNARD ÉLIE est économiste, professeur associé à l'Université du Québec à Montréal, membre du collectif *Économie autrement* et spécialiste en théorie monétaire (les fondements de la monnaie, le rôle des banques et la politique monétaire) et en économie financière internationale (les institutions et la conjoncture économique et les transformations des marchés financiers).

LOUIS GILL, économiste et professeur retraité de l'UQAM, a écrit de nombreux articles et ouvrages sur des questions économiques, politiques, sociales et syndicales. Il a été un militant actif de son syndicat pendant les trente années qu'il a passées à l'UQAM. Il a également écrit un ouvrage sur George Orwell et sa participation à la guerre civile espagnole et, récemment, a publié *Art, politique et révolution*.

PHILIPPE HURTEAU, politologue et chercheur à l'IRIS, complète actuellement un doctorat à l'Université d'Ottawa en pensée politique. Il s'intéresse principalement aux mutations de l'État sous l'effet du néolibéralisme, tant par l'analyse des changements au régime fiscal que par l'étude des transformations des modalités d'opération des services publics.

JOSÉE LAMOUREUX, économiste à la Confédération des syndicats nationaux (CSN), est responsable de différents dossiers économiques, dont ceux qui sont liés aux accords commerciaux, aux politiques d'emplois et à la répartition des revenus. Elle a publié des articles sur les inégalités de revenu au Québec.

MICHEL LIZÉE, économiste et coordonnateur du Service aux collectivités à l'Université du Québec à Montréal, agit comme personne-ressource, depuis 1991, auprès du Service de l'éducation de la FTQ dans le dossier des régimes de retraite et, depuis 2004, auprès du Régime de retraite par financement salarial des groupes communautaires et de femmes.

SYLVIE MOREL est économiste, professeure titulaire au département des relations industrielles de l'Université Laval et membre du collectif *Économie autrement*. Spécialisée en économie du travail et des politiques sociales, ses enseignements et ses recherches portent sur l'institutionnalisme commonsien et l'économie féministe ainsi que sur les politiques publiques de l'emploi et la sécurité sociale.

NORMAND MOUSSEAU, professeur de physique à l'Université de Montréal, s'intéresse aux questions énergétiques et aux ressources non renouvelables. Il a publié chez Multimonde *Au bout du pétrole, tout ce que vous devez savoir sur la crise énergétique*, *L'avenir du Québec passe par l'indépendance énergétique* et *La révolution des gaz de schiste*. Il anime l'émission *La Grande Équation* à Radio Ville-Marie.

Ruth Rose est économiste, professeure associée au département de sciences économiques et à l'Institut de recherche et d'études féministes à l'Université du Québec à Montréal. Spécialisée en économie du travail, elle a effectué un grand nombre de recherches pour les groupes de femmes, les groupes communautaires et les syndicats, qui portent notamment sur la situation des femmes sur le marché du travail et les programmes de sécurité du revenu.

Claude Vaillancourt, enseignant et écrivain, est président d'ATTAC-Québec. Au sein de cette association, il s'intéresse particulièrement aux questions reliées au libre-échange. Il est membre du comité de coordination de la revue *À bâbord!* Il a écrit de nombreux articles dans des revues et des journaux.

MIXTE
Papier issu de
sources responsables
FSC www.fsc.org
FSC® C100212

Achevé d'imprimer en avril 2012
par les travailleuses et travailleurs
de l'imprimerie Gauvin
Gatineau, Québec